正高信男

自粛するサル、しないサル

GS
幻冬舎新書
622

はじめに

この本は新型コロナウイルス感染に対して、どうして自粛する人とそうでない人とに分かれるのか、また同じ人でも初期の第1波の際には自粛したのに、第3波になるとそこまで自粛しなくなったりするのかを霊長類学（サル学）などをもとに考察しようと試みたものです。自粛する、しないを、サルの所業《しょぎょう》と揶揄《やゆ》する意図は毛頭ありません。

２０１９年末に中国に端《たん》を発した新型コロナウイルス（以下、コロナ）の感染拡大は、またたく間に世界を席巻する事態となりました。むろん日本もその例外ではなく、２０２０年冒頭からほとんどの国民が、それまでにはなかった生活様式を強いられることとなったわけです。

政府や自治体は、それを推奨するため「新しい生活様式」と銘打ったものをかかげました。３密の回避などが、その代表格といえるでしょう。そして、外出や外食の自粛が求められるようになりました。

2020年4月、緊急事態宣言が発出されたものの、日本では宣言に強制力をもたせる法的根拠がないため、欧米や中国のように街そのものをロックダウンすることは不可能でした。飲食店が夜間に営業し、そこへ入る顧客がいたとしても、それを法律にもとづき規制することはできません。だが発出して明らかになったことは、発出前のおおかたの予想を超えて、人々は自主的に生活全般を自粛したという事実でした。

それどころか予想だにしなかった、「自粛警察」なる表現に代表されるような行為まで出現するにいたり、困惑さえ広がる始末となりました。他人に、もっと自粛を強制する現象まで現われたのです。どうして多くの日本人は、そこまでコロナ感染に備えての自粛に前向きなのかが、社会の話題と化すようになっていきました。

そういう自粛傾向は、過剰反応であるという意見が噴出しました。「自粛バカ」という表現まで、現われることとなりました。緊急事態宣言を出した行政を含めて、リスクを冒すことに神経質になりすぎているという主張がその代表格でしょう。かたや、国民性としての日本人の集団主義・同調傾向の強さに原因を求める考えも有力なようです。

お上のいうことには従う、世間のすることには内心は反対であってもさからわない。だから、自粛の空気が蔓延《まんえん》している限りは、しぶしぶでもそれに従うというものです。「自粛警察」は、その端的な例というわけです。

ところが2020年11月以来、いわゆる感染の第3波が襲来したのちの様相は、以前といささか異なるものとなりました。それまでになかった数の感染者が報告され出したのにもかかわらず、第1波のときのような自粛傾向は、見られなくなったといいます。「自粛警察」の話題も、すっかり影をひそめました。とりわけ感染者が多い東京都では、医療崩壊の危険が指摘されたのにもかかわらず、外出者の数は年末にかけ、一向に減少する気配を見せようとしませんでした。どうしてでしょうか。

コロナ報道にマヒしたのだという意見が、聞かれるようになりました。自粛慣れというわけです。

ここでは、こうした従来の説はひとまず脇に置き、筆者が長年にわたり職業としてきたサルとヒトの心理・行動の比較研究の立場から、今回の日本人の自粛行動の分析を行ってみようと思う次第です。

それというのも、コロナの出現という、人類がまったく予期していない状況に遭遇し、人々がとる対処法というのは、「サル的」であってしかるべきというのが、サルを研究していた者ならば、ごく当たり前の発想であるからなのです。

致死力や感染力は、未知。強力な可能性が高いらしい。これは生物としてのホモ・サピエンスに、あらたな天敵が出現したことを意味しています。そして人類自身が、確かに天敵の実体をコロナとして把握したのです。

その際、ヒトのコロナに対しての振る舞い方は当然、自分の身の安全を確保するものになるでしょう。つまり生存価（自分が生存できる可能性）を最大限に高めるとおぼしきことをなす。その身の処し方すなわち対応行動は、サルの一員としてのホモ・サピエンスが進化の過程で継承してきた生物学的基盤にもとづいたものであるというのが、サル学者ならば発想することなのです。

だから反応パターンは本能的であって当たり前で、それを理性で考えてあえて変えることのほうが、はるかに困難であるということになります。

そしてサル学は、ヒト以外のサルにおいて、それまでまったくナイーヴであったサルが、あるとき自分の生存を脅かす事態に遭遇した場面で、どう振る舞うかについての知見を実際にもっています。それは日本人の自粛行動を考えるうえで実際に有益な示唆を提供してくれるものにほかなりません。

そういう知見が教えてくれることの第一は、生物というものは自分の身の安全を危うくする状況や対象を認識したならば、以降、類似の状況や対象に対し、恐ろしく保守的になるということでしょう。むろん、ヒトもこの例外ではありません。

このような前提にもとづいてコロナ感染拡大にあたり、人々が自粛にふみきり、あるいは自粛しないという決断にいたる過程を、以下に考察してみたいと思います。

自粛するサル、しないサル／目次

図版・DTP 美創

第1章

新型コロナへの「恐怖」はヘビへの「嫌悪」と同じ

ヒトもサルも嫌な体験は長く記憶される

もう40年も前のことになりますが、長野県に生息する野生ニホンザルにアーモンドの実を与える実験を行った研究者がいました。山に暮らすサルで、アーモンドは日本列島には自生しないのですから、彼らがアーモンドの実にそれまで接したことがないのは明白。つまりナイーヴな状態であるといえます。

といってもクリやシイの木の実にはなじみがありますし、好物ですから、見てそれが食べられそうな代物であることぐらいは察しがつくというものです。試しに口に入れてみて、食べられることをすぐに理解したといいます。

サルに理解させたうえで、研究者はアーモンドの実に催吐剤《さいとざい》をふりかけ、彼らに与えてみたのでした。催吐剤とは、摂取するとしばらくして嘔吐《おうと》を引き起こす薬剤のことです。するとサルは口に入れてしばらくすると、やはり嘔吐したということです。もっともこれだけでは、ヒトに有効な催吐剤はサルにも効く、という話でおしまいです。問題は、そこからです。

追跡調査をしてみると、この嘔吐の経験以降、サルはアーモンドを与えても、もう一切口にしないことがわかったのです。ちなみに催吐剤を与えたのは、一度だけです。しかも、この経験から1年が経過しても、サルのアーモンド拒否の反応は、全然変わることはありませんでした。サル学者は、こういう風に自分の身体に有害なことを動物がすみやかに覚える現象を、「嫌悪学習」という特別な名称で呼ぶことにしています。

嫌悪学習が、それまで知られてきた通常の学習と異なる点は、まずたった一度の経験でその学習が成立するということにあります。ふつうは何回も経験して、ようやく学習するわけですが、一度きりでいいのです。

つぎに、一度きりの経験であるにもかかわらず、その効果が尋常でないほどに持続するという点です。長野のサルは一度アーモンドで嘔吐すると、それから1年たって再びアーモンドを見ても、食べようとしませんでした。その間、アーモンドを見る機会がなかったのにもかかわらずです。1年前の嫌悪体験を記憶していたとしか考えられません。サルは身に害のあることについては、ずっと覚えていることができるのです。というか、忘れようとしても忘れられないと書くほうが正確でしょう。

学習という現象を世界で初めて実験的にデモンストレーションしたのは、今から100年あまりも前のこと。アメリカの心理学者がネズミを用いて、やってみせたのでした。迷路の箱を用意し、そこへ1匹の空腹にしたネズミを入れてやります。ネズミは迷路のなかをうろうろ走り回ります。やがていつか、出口に到達するにいたります。実験者は、それまで気長に待っています。そして、出口から出てくると、少し餌を与えます。同時に迷路を抜け出すのに、どれだけの時間を要したかを記録しておきます。

すぐにまた、同じネズミを前回とまったく同じ要領で迷路箱に入れてやります。むろん、ネズミはうろうろしたあげくに、やがて出口に来る。すると餌を与える……。こういうことを何回も繰り返していると、ネズミが出口への到達に要する時間が短くなることが明らかになりました。これこそが学習の証拠だと、研究者は主張したのでした。

迷路から脱出すると餌にありつけるという事実を、ネズミは学習したのです。

そして、餌をもらうために、できるだけ早く迷路を出ようと努力するようになっていったのでした。

ただし、学習が成立するためには、何度も何度も迷路に入れてやることが必要でした。

つまりネズミは試行錯誤の末に、ようやく迷路の課題の意味を学習するのです。さらにいったん学習しても、しばらく迷路に入れてやらないと、迷路から抜け出すために費やす時間がすぐに長くなるという事実も判明したのでした。学習効果を保持するためには、訓練を続けていないとだめなのです。

こういう特徴はネズミに限りません。サルでも、またヒトでも同様のことがあてはまるのは、自分の経験を胸に手をあて回想すると了解できるに違いありません。しかし嫌悪学習は、そうした通常の試行錯誤による学習と、まったく趣きを異にするのです。

嫌悪や恐怖は仲間を見て学習される

嫌悪学習は、サル以外の動物ではほとんど見られない特別な形式の学習です。高等な動物として自分の身の安全を守るため、高等な学習が進化したのだと考えられています。この習性はむろんヒトにも受け継がれています。しかし、ここでひとつ疑問が湧いてきます。

なるほどアーモンドのように、その効果が命を脅かすほどではない有害刺激であるならば、この学習で危険を回避することができます。けれども、致死的な刺激だったらどうでしょう。たとえば毒キノコだったら？　現にキノコはサルの大好物です。

それを口にしたら、致死量の毒を含むものだったとします。当然、一度きりの経験でサルは死んでしまいます。そうしたら、その経験をサルは嫌悪体験として、そののちの学習に活かせません。もう死んでしまうのですから。

実はこういうことのために、嫌悪学習には、通常の学習にはない第三の特徴が備わっていることが明らかにされてきました。仲間を観察するだけで学習できるという点が、それにほかなりません。この実験には、サルにとってのもうひとつの有害刺激が用いられました。ヘビです。

ヘビはサルにとって、最大の天敵といわれています。しかし、意外なことにヘビを今まで見たことのないナイーヴなサルに見せたところで、特段驚くことはありません。それどころか実験室で生まれた子ザルでは、好奇心をもって近づいていくことさえあるほどです。

むろん野生のオトナのサルにヘビを見せると怖がります。だから、どうにかしてそれが危険な存在であることを学習したと考えざるを得ない。そこでヘビを怖がるサルを実験室に連れて来て、怖がらない子ザルの面前で、ヘビを見せてやるということを、実験として行ってみることにしました。すると案の定、このあと子ザルもヘビを見て、怖がるようになることがわかったのです。やはり一回きりの実験で学習し、しかも効果が持続する点も先のアーモンド実験と変わりません。

ただ、今回のヘビの実験結果がアーモンドでのものと異なるのは、ヘビの実験での子ザルは自分自身で嫌悪的な体験をしたわけでは全然ないという点にあります。面識のない同種の仲間がヘビを見ているところに、遭遇しただけ。しかしたったそれだけで、ヘビを有害なものと認識してしまったのです。

こういう形式の学習は、「観察学習」という名称で知られていますが、ヒト以外の動物で観察学習が観察されるのはおおよそサルのみ、しかも天敵の認識のためにのみ、と考えられています。実際のところ、野生下ではこういう形式で、ヘビを天敵と認識することが群れのなかで伝搬《でんぱん》していっていると考えられます。

恐怖はテレビ映像でも学習される

アメリカで大学教授をしているスーザン・ミネカという研究者は、こうした知見をふまえ、もっと面白い実験をしました。ヘビを怖がることをまだ学習していない子ザルにテレビモニターでビデオを見せたのです。そのビデオに何が映っているかというと、面識のないオトナのサルがヘビを見せられるシーンが録画されています。むろん、このサルはヘビへの嫌悪学習が成立しています。

先ほどの実験では、子ザルは目の前で仲間がヘビを天敵とみなすことを「実体験」したわけですが、今回はテレビモニターのなかの映像で、ヴァーチャルな体験をするわけです。ちなみにビデオ映像を見ることそのものが、このときが子ザルにとって初めての体験でした。すると初めての体験であるにもかかわらず、子ザルには実体験同様に嫌悪学習が成立したのです。

しかも映っている映像を見ると、そのなかのオトナのサルというのはヘビに対し、そんなに大仰に恐怖を示したりしているわけではないのです。顔を引きつらせる程度で、その顔がヘビに向けられている。それだけで子ザルは、「これは天敵だ」とヘビを認識してしまうのです。

さらに、いったん学習すると、かなりの期間にわたり記憶が残ることも判明しました。ずっとヘビを怖がり続けるのです。そこが、保守的たるゆえんです。くつがえることがありません。「認識は誤解だった」と改まることがないわけです。

むろん実体験よりは効力の持続性が短いことは、否定できない事実です。しかし3ヶ月やそこらは学習効果が有効であることがわかりました。嫌悪学習というのは、それでいいわけです。「毛ほどでも身に有害な可能性が残るなら遠ざける」というのが、生物生存の鉄則なのです。

むろん、こうした習性は、ヒトにも受け継がれています。それゆえコロナに対して、誰もが保守的になるのは、ごく自然な反応のあり方であるということになります。リスクが小さいにもかかわらず、大げさに騒ぎすぎだという批判を耳にしますが、「毛ほどでも身に有害な可能性」があると想定されるなら、未知の病原体に過剰に防御的になるのが生物としての本性にほかならないのです。

それより問題は、非常に限られた期間内で、日本人の間にどうしてここまで広汎《こうはん》に、生物本来の天敵への防御反応が流布《るふ》したかということではないでしょうか。ヒトもたいていの場合、ヘビを怖がります。この恐怖もサルと同様、学習されたものであることがわかっています。

しかし、オトナが口で「ヘビは危ないよ」と、いくら口を酸っぱくして注意しても、まったく効果はありません。実物を見せないとだめなのです。あるいは実物の写真や絵、そういう非言語の刺激情報があって、初めて学習が成立します。

ところでコロナは、ヘビと違って、実物の写真や絵を見たところで何がどう怖ろしいのかさっぱり要領を得ません。ヘビの、あの長くうねうねとしたイメージにはそれ自体、見る者に不気味さを印象づける特徴がありますが、ウイルスにはありませんから。それにもかかわらず、コロナは怖ろしいと印象づけた何かが、あったはずです。

「志村けん効果(イフェクト)」による自粛行動

そのひとつの、そして極めてインパクトの強かった「事件」が、2020年3月末にザ・ドリフターズのメンバーでコメディアンの志村けん氏が、コロナで急死したという出来事であったと考えられます。周知の通り志村氏は、国民的人気のあるタレントでした。しかも死の直前まで元気で、活躍していました。

発症したのは、死のわずか2週間前だったといいます。その彼があっけなく亡くなったというニュースに、驚かなかった日本人はいなかったのではないでしょうか。氏の死去という報は、あらゆるメディアから流されました。その際の報じ手は、緊張感をにじませていました。それは、ミネカが実験で用いた、ビデオ映像のなかのヘビを怖がるサルと同じ役目を演じたものと推測されるのです。

死去を知らせる映像ばかりではありません。生前の元気なころに収録された番組が、亡くなったあとに放映されました。訃報を知らされたあとで見る志村氏の番組は、期せずして、コロナの怖さをヴァーチャルながら、喧伝する機能をはたしたと考えられます。

とりわけ、NHK制作の朝の連続テレビ小説は視聴率が高いことで有名ですが、そのなかで、4月から5月にかけて氏が登場したことの影響は大きかったと思われます。氏が、子どもに人気が高かったことは大変よく知られた事実です。そういう意味では、彼の死はコロナ自粛の教育的効果を発揮しました。あのタイミングでの死がなかったならば、あそこまで日本国内で自粛がすみやかに達成されることはなかったのではないでしょうか。

ひき続いて岡江久美子氏のコロナ感染による死が報道されたのが、だめ押しの役割を演じたのかもしれません。

共感できたか否かが「自粛する、しない」の分岐点

社会が今、自粛に賛同する人と自粛に批判的な人に大きく分かれていることはあまりに明らかです。そのうち後者に属する人には、志村けん氏が死去したと聞いてもあまりピンとこない人が多く含まれていると思われるのは、以上のような理由にもとづいています。要は、志村氏の死に共感できたか否かが分岐点なのです。

実は何を隠そう私自身、ピンとこないひとりです。私は古い世代に属する人間ですので、ザ・ドリフターズといえば荒井注氏を思い浮かべてしまいます。荒井氏がメンバーを抜けて、志村氏が入れ替わりの形で入ってからはあまり見ていません。見た経験が希薄であるため、彼の死に共感できないのです。

こういう共感できにくい人々は、志村氏逝去の報に接しても自粛に走ることはなかったと思われます。嫌悪体験の観察学習は、学習する側がされる側に共感できないと成立しないのです。その意味で、志村氏が国民的タレントであったことは、インパクトが大きいものであったのです。

むろん志村氏の死で、すべてのトレンドが決定されたと主張するつもりは、さらさらありません。ただ自粛ムードをここまで増幅させ得たのには「志村けん効果」は、絶大なものだったことは間違いないことだと思います。

当時、国内の自粛傾向に批判的な立場からのコメントとして、コロナの感染者の数、そして死亡者の数などは、たかが知れているではないか、というものがありました。具体的に毎年インフルエンザで死亡する人数に比べると、ものの数に入らないほどではないか。それなのにどうして、こんなに大騒ぎしなくてはならないのか、というものです。この主張自体は、まったく文句のつけようのない正論といえます。

しかしながら批判する人々は、「感染および死亡の例数が少ないからこそ、人間は恐怖に怯える」という事実を認識していないようです。しかも、今回のコロナ騒動を、空前絶後の馬鹿騒ぎのようにとらえがちですが、今までも同じような馬鹿騒ぎを繰り返してきたという歴史を失念しているように思われます。その代表例が、生レバー禁止をめぐる騒動です。

少数例ほど誇張されて怖れられる

発端は2011年、石川県を拠点にした焼き肉チェーン店で、ユッケで大量の食中毒が出たことです。それで原因となったO（オー）111とかO157という名の病原菌、とくに病原性の強いO157に肉が汚染されないようにするには、生レバーの提供をやめるべきだということになり、翌年に厚生労働省は禁止令を出すにいたりました。今では誰もが、生レバーを食べるとO157に感染する恐れがあるからと、食べるのを、半ばあきらめてしまっています。

けれども厚労省の統計によれば、生レバーを食べたことでのO157による食中毒の報告件数は、1998年度から2010年度までの13年間で20件にすぎないのです。年平均で換算すると一件か二件。禁止になったきっかけとしては、先述のユッケ中毒を起こした人のなかに6歳の子どもが含まれていて、それが原因で死亡したことが決定的な役割をはたしました。何度も報道され、全国的な反響を呼びました。被害者や遺族は、今なお癒えない悲しみや苦しみを抱えていることと思います。

これで世論は一気に、生レバーにとどまらず生肉全体の自粛に傾きました。そして病原菌の出所はどこかということになり、生レバーにひそんでいるという事実から、生レバーそのものが摂食禁止の対象にまつりあげられることとなりました。

しかし自粛に批判的な声は少数の生レバー愛好家からあがったものの、生レバー愛好家の全体数がさほど多くないこともあって、盛り上がりを見せませんでした。

このときに比べると、今回のコロナ自粛批判の声のほうが、はるかに大きいと思います。9年前の生レバー禁止のときは批判を行わなかったけれど、今回の自粛批判には加わっている、という人はかなり多いと思われます。前回の生肉自粛については批判しなかったものだから、事件そのものが忘却の彼方であり、生レバー禁止とコロナ自粛、約10年の時を経て繰り返されたふたつの出来事に見られる共通点にも、気づく人はそう多くないでしょう。

このふたつの出来事が示唆しているのは、われわれにとって生命を脅かす可能性の高い天敵が出現したとき、その出現確率が低いほど、人間はそれにより強く怯えるという、極めて逆説的な事実なのです。しかも今はメディアが発達しているものだから、クリティカルなニュースがあると、怯えは一気に流布してしまうというわけです。

第2章 ヒトもサルも危機では保守的になる

子宮頸がんワクチンへの恐怖は報道で強くなった

第1章で述べた生レバー禁止と同様の事例をあげるとするならば、子宮頸《しきゅうけい》がんワクチンをめぐる騒動があります。この病気は小さな子どもをもつ母親が罹患《りかん》することが多いため、マザーキラーと呼ばれ、日本での新規患者数は年間約1万人に及びます。そのうち3000人程度が子宮を失うことになるといわれています。

原因は解明されていて、HPVと呼ばれるウイルスによるものであることが明らかになっています。しかもHPVワクチンもできている。これを性交経験がない段階で接種すると、100%防げる疾病であることがわかっています。

欧米などでは、すでに接種が定着しています。そこで2013年より厚労省は定期接種を開始しました。ところが開始して2、3ヶ月で、深刻な副反応があるとの報道がなされます。手足の痙攣《けいれん》や、歩行障害で車いす生活を強いられるようになった女性の姿が全国に流れました。結局、厚労省は定期接種を中止せざるを得なくなりました。

副反応が出たという人は、総計で2万人弱。症状が残ったという人はそのうち180

名程度。ワクチン接種者1万人あたりで換算すると、約6名に副反応が出たことになります（0・06％）。症状が残った人になると0・5名です（0・005％）。しかも追跡調査によれば、結局、ワクチンと当該の症状との因果関係は立証されませんでした。それでも、日本の10代の女性を子にもつ保護者は一斉にワクチン接種を拒むようになってしまったのでした。

インフルエンザの特効薬といわれて久しいタミフルでも、同じようなことがありました。ある時期、この薬を服用したインフルエンザの子どもが、意識を朦朧《もうろう》とさせ、建物の上層階から転落するという事故が、何例かたて続けに報じられた時期がありました。するとたんに、薬の副作用が取り沙汰され、マスコミが医療機関に殺到し、タミフルの危険性が喧伝されます。

ビジュアル報道の怖ろしさ

しかも、こういうトラブルは日本に限ったことではありません。もっとも有名なものとしては1998年に英国に端を発し、その後10年にわたり欧米中を巻き込んだケースをあげることができるでしょう。

麻疹《はしか》・おたふく風邪・風疹《ふうしん》のためのワクチンを組み合わせる、通称MMRワクチンと呼ばれているもので、これをふつうは幼児期に接種すると、成長したあとに、自閉症になることがあると発表され、大騒ぎになりました。コミュニケーションがとりづらくなったり、ことばの発達が遅れたりするというのです。

そのメカニズムも解明されたとされ、MMRワクチンは弱体化した生ウイルスを用いてつくられているので、そのウイルスが子どもの腸管を傷つけることがあるという。するとその傷から、穀類や乳製品に含まれるオピオイドという名のタンパク質が血管に漏出し、脳に運ばれ、発育中の脳の成長を阻害するのだという主張がなされました。

実際に、MMRワクチンが原因で自閉症になったとされたのは8名で、被害者であるという親子が登場する記者会見の様子が大々的にニュースで流れると、ワクチン接種率は激減することとなりました。最終的には、MMRワクチンは無害であることが判明するものの、判明までの10年に、多くの子どもが麻疹などで命を落とす事態をもたらしました。ただしオピオイドで自閉症が起きると考える研究者は、多くはないけれども、いまだに存在します。

面白いことにMMRワクチンについては、欧米では20世紀末から今世紀初頭にかけて、幼い子をもつ保護者の多くを巻き込んだ大騒ぎが自閉症との関連で起きたのに対し、日本では髄膜炎を起こすという副反応こそ注目を浴びたものの、欧米で取り上げられた問題は話題として扱われなかったのでした。日本のメディアが、海外のこういう動向に鈍感だったことが幸いしました。その代わり今日もなお、欧米ではまったく問題視されていない子宮頸がんワクチンで、大騒ぎしているわけですが……。

いずれにせよ、ビジュアル報道の怖ろしさがよくわかります。

人々は過去のことはすぐに忘れる

こういう事例は、枚挙にいとまがないのです。ですからコロナで自粛ムードが蔓延するのは、単に歴史が繰り返されているにすぎません。それを前代未聞の出来事のようにいい立てるのは、みんな過去のことは忘れ去っているだけのことなのです。

そして自粛をやり過ぎではないかと感ずる人の気持ちも、よくわかるつもりです。私自身、生レバー禁止の際に同じような気持ちになりましたから。けれども一方で、命にかかわる危険がやにわに発生したとき、保守的になるのが人間の性《さが》であることも現実として認める必要があると考えています。

保守的とはどういうことか？　再び、サルとキノコの話にもどりましょう。

秋に山でサルを観察していると、しきりに嘔吐している若いサルを見かけることがあります。毒キノコを食べたのです。キノコは種類が豊富です。そのなかで食用になるものと毒のあるものを見分けるには、学習が求められるのは当然です。たまたま毒のあるものを食べて食あたりしているのです。人間と変わりません。

さて、毒のあるなしをどうやって見分けたらいいのか。人間社会で巷間《こうかん》伝わっているのは「色のけばけばしいものは毒キノコ、地味なのは食用になる」という説であることは、よく知られているところです。この説があたっていないことも、またよく知られているのではないでしょうか。

だが、あながちはずれているともいえない。あたらずといえども遠からず、です。毒キノコには、色の派手なものが多く含まれるのは確かなのです。これは警告色と呼ばれるものの典型例です。なぜ派手なのか？

食べようとする動物に、警告しているというのです。「私には毒があるぞ。だから採っても無駄」と無用な採集を事前にやめさせることで、キノコ自身の命を守っているのだと考えられます。

ところが警告色が進化したにもかかわらず、派手な色の、無毒で食用になるキノコもあります。だから色だけでは、毒キノコとそうでないのを見分けられないことになるのですが、その無毒キノコはどうして警告色をしているかというと、毒キノコを真似ているわけです。

つまり毒キノコのふりをして、採集されるのを免《まぬが》れるという戦術を思いついたという次第。それで自身の生存価をアップさせることに成功したわけです。

採集する側のサルからすると、派手な色の食べられるキノコには、まさにその色彩でだまされていることになります。しかし、よく考えてみてください。どうしてだまされるにいたっているのか。

リスク回避は保守的である

つまるところ、サルもやはり色を手がかりにしてキノコを見分けているから、だまされることになるわけです。「色のけばけばしいものは毒キノコ、地味なのは食用になる」という知識を、サルももっているらしい。だから本当は色の派手なキノコにも、食用になるものはあるのですが、それは見過ごしてしまっていることになります。キノコ採集の効率からいうと、これはロスです。

ただ大事なことは、それぐらいのロスはかまわないというところにあるのです。毒キノコを採らないですむのなら、少々効率が悪くてもいいじゃないか、とりあえず命を大事にしましょうよというのが、発想の原点なのです。それが、保守的というゆえんです。

「羹《あつもの》に懲りて膾《なます》を吹く」は、サルにとってのリスク回避の大原則なのです。彼らは色の派手なキノコを避ける。また、ヒトもサルの原則を継承しています。だから生レバー禁止を受け入れ、子宮頸がんワクチンが欧米では常識的に流布していても日本では拒絶し、そして新型コロナウイルス感染拡大に際して、自主的に自粛に励むわけなのです。

第3章 自粛派は情動、反自粛派は理屈

致死的リスク回避には速さが大事

第2章で述べたように致死的リスクの回避の学習が独特のパターンでなされるように見えるのには、ヒトにおいて回避の対象が「サブリミナル」に知覚されることに深く関係しています。サブリミナルとは、直訳すると「潜在意識の」という意味です。つまり、知覚したことが意識されないのです。

１９５７年にアメリカの映画館で、映画の上映中に「コカ・コーラを飲もう」「ポップコーンを食べよう」というメッセージを１／３０００秒だけ画面に映し出すという試みがなされました。ほんの一瞬ですから、映画を見ている者は誰もそれに気づきません。つまり、視覚的に知覚したという意識がないままです。

ところが試してみると、映画館でのコーラの売り上げが18％増し、ポップコーンにいたっては58％増しになったというのです。われわれは見た・聞いたという意識なしにイメージを見たり、音を聞いたりしているらしいということが明らかになってきました。

むろんヒトがそういうシステムを進化させてきた当初は、映画上映者がコーラやポップコーンの売り上げを増やすためにそういう習性を活用することは、想定に入っていませんでした。では、どうしてそういうシステムが進化して、どういうメリットがあったかというと、そのひとつがリスクの迅速な回避を行うことだと考えられるのです。

たとえば、ヘビとの遭遇です。見た瞬間、あっと声を出す間もなく逃げる。致死的リスク回避には、速さが何よりも大事。ベランダに出たら、ひも状の長いものがうねうねと横たわっていた。瞬間、身をひるがえした。よく見たら、ただの布切れだった……という経験はありませんか？　無駄なこと、バカなことをしたと、あとでひとりで苦笑いされたかもしれません。

しかし、リスク回避としてはそれでいいのです。100回そういうことがあって、100回とも布切れであってもそれでいい。101回目にヘビだという可能性があります。その際、命を守るために、あえて無駄をするわけです。これが、コロナウイルスに対処するため、自粛を怠らない人々のよってたつ立場なのです。

これに対して、現代日本の都市部の住宅のベランダで、ヘビに遭遇することなどあり得ないし、またたとえあったとしても、それで命を落とすことなんて考えられない。だから「私は、長いものがあっても身をひるがえさないし、理性で回避行動を抑制できる」というのが「自粛に批判的な人々」の主張といえるでしょう。夏目漱石の『草枕』の冒頭の文言を借用するならば、自粛派は「情に棹《さお》さして」生きているのに対し、反自粛派は「智《ち》に働いて」生きることを選択しているといえるかもしれません。

恐怖は脳内でどのように伝達されるのか

現に「情に棹さして」、しかもヘビに代表される嫌悪刺激をサブリミナルに処理する際の、脳内の情報の処理過程の詳細も、おぼろげながら明らかになりつつあります。左ページの図が、それを模式的に表わしたものです。

この図では、ヒトの脳を真横から眺めたところが描かれています。左が前、右が後ろです。ですから、脳の左先端のすぐ下に目が位置しています。いろいろ見慣れない脳の部位の名称が並んでいますが、ご容赦ください。

一応ここでは、何らかの刺激が目から入ったと想定しています。つまり、視覚刺激の処理を考えています。なんといってもヒトは、視覚にもっとも依存して生活している生

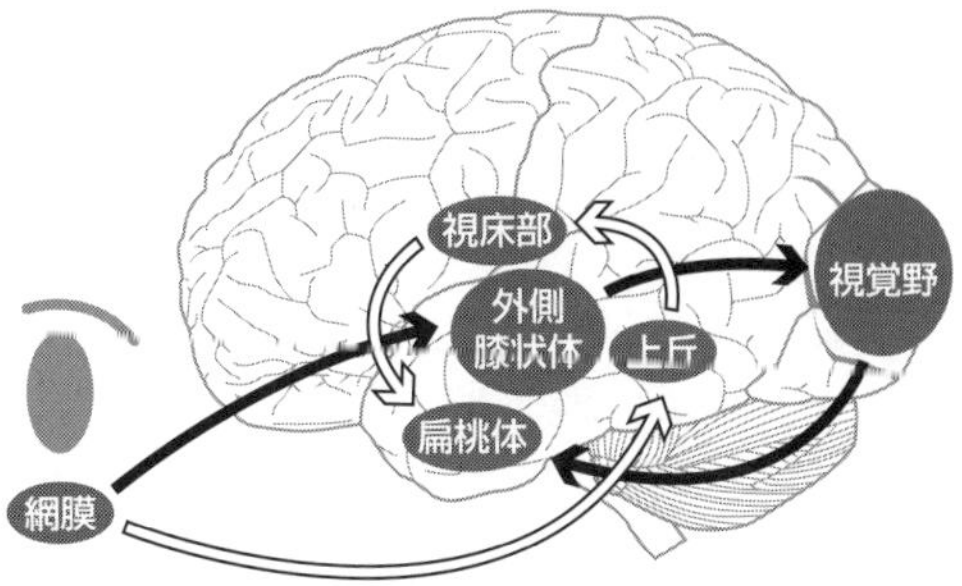

嫌悪刺激と、そうでない通常の視覚刺激の情報処理の経路の違い。白く太い矢印が、嫌悪刺激が処理される回路、黒く細い矢印は通常の刺激が処理される回路を表わす。前者では、目から入った情報は、上丘、視床部、扁桃体という脳の奥にある組織を経由する。他方、後者では外側膝状体、視覚野、扁桃体と脳の表層を経由し、伝達に時間を要する。

き物ですから。

そのとき、刺激が嫌悪を催すもの、つまり嫌悪刺激の場合とそうでない場合があるわけです。ところが、両者では脳のなかでの処理過程、すなわち情報が流れていく場所が違うというのが、この図の「キモ」だと理解していただくと幸いです。嫌悪刺激の場合を白く太い矢印、そうでない場合を黒く細い矢印で表記しました。

双方とも、結局行き着く先は同じです。扁桃体《へんとうたい》と呼ばれている脳領域にほかなりません。アーモンドの実のような形状の神経細胞の組織です。ここが、私たちの感情を喚起するのに大きな役割を演じることが明らかになっています。ただし、どこを介して扁桃体に行き着くかが異なっています。

通常のときが、黒の矢印の流れです。視覚刺激はまず、目の奥の網膜《もうまく》で知覚されます。そののち脳のいちばん後ろにある視覚野《しかくや》という領域に送られるのがふつうなのです。誰しもゲームをしすぎたり、スマホの画面を見すぎたりして、疲れたという際、思わず手を後頭部にやった経験が一度や二度はあるでしょう？　あそこが視覚の中枢です。

情報はそこで、パターン認識されたりするわけです。そののち、扁桃体に送られ、「美しい」とか「気持ち悪い」という感覚をもたらします。

ところが嫌悪刺激は、そうではないというのです。視覚野に到達するもっと手前の上《じょう》丘《きゅう》や視《し》床部《しょうぶ》で処理され、扁桃体に送られるらしいのです。ですから伝達される総距離が短い。その分、扁桃体に到達するのが早いというわけです。これは皮質《ひしつ》下回路と呼ばれている経路にほかなりません。

視覚野を情報が介さないのならば、そもそも視覚的に脳が認識できないのではないかという意見があるかと思います。だが、解像度が粗くてもかまわないのなら、脳は認識できるのです。

視覚野は、動物のなかでごく一部の視覚の優れた種にしか見られない脳領域であることがわかっています。霊長類がその代表格であることは、いうまでもありません。つまり系統進化の歴史においては、ごく最近に出来上がった脳部位なのです。けれども動物の圧倒的大多数は多かれ少なかれ、ある程度の視覚能力は保持しています。

では、彼らの脳は視覚情報をどのようにして処理しているのかというと、この皮質下回路を用いてなのです。そしてヒトにおいてすら、嫌悪刺激という、個体の生存にかかわるような種類のものの処理に関しては、あいかわらず、この系統的に歴史の古い回路を使い続けているのです。

キモいものは、キモい

もちろん、処理されたイメージの解像度は高くありません。しかし生存にかかわる話なのですから、解像度よりも伝達されるスピードがまず重要です。正確さは二の次、ともかく危険を迅速に伝えようという発想にほかなりません。むろん誤解は起きやすくなるでしょう。

それがたとえば、ゴムホースのようなものが、道に落ちていたような状況なのです。見た瞬間に「わっ、ヘビだ」と逃げ出す。そんな行動が起きるのは、ホースが視覚刺激として、皮質下回路で処理されたからなのです。あとでよく見たら、ホースだった。あとでゆっくり見た際には、通常の視覚野を介する過程が用いられたのです。

むろん逃げ出したのは、まったく時間とエネルギーの浪費でした。けれども繰り返しますが、そういう浪費はかまわないのです。100回浪費したところで、101回目は本当にヘビだったということは、おおいにあり得ます。

ヘビであった際に、どうせまたホースだろうとたかをくくって逃げないことのほうが、よほど問題です。個体の生存にかかわることとなると、生物は極端に慎重に振る舞うのです。なんといっても、一回のミスが命取りになるのですから。

もうひとつ、大事なことを指摘しておかなければいけません。先ほどの図では、嫌悪刺激以外の通常の刺激について、視覚野に入ったあと扁桃体へと、ただ1本の矢印を描いておきました。

けれどもそれは、嫌悪刺激とは扁桃体への到達ルートが違うことを対比させるためにそう描いたのであって、実際にはいったん視覚野で処理された情報は、扁桃体以外のさまざまな脳領域に同時に伝達されるのです。むろん、言語を司る言語中枢にも送られることとなります。

ですから視覚野に入った刺激は、脳の所有者によって「しかじか（目で捕捉した対象）を見た」という言語化された意識をもたらすこととなります。もしも対象がパンダであったならば、「パンダを見た」、しかも情報が扁桃体で処理され、かわいいと感じたならば「かわいい」という感情が湧いたことが、本人に自覚されるのです。

かたや嫌悪刺激の場合は、言語化や意識化が起きる前に、まず怖いとかキモいという感情が喚起されることとなります。ですからそれを「どうして怖いのか、キモいのか」と問うたところで、本人も答えようがないのです。キモいものは、キモい。

そしてコロナへの恐怖も、感染の第1波の折、志村けん効果で大々的に自粛ムードが喚起されたときに、大多数の人の皮質下回路において引き起こされたのだと想像されるのです。もうコロナということばを耳にするだけで、悪寒が走るという感じです。

言語で判断するほうが記憶が悪くなる

いい換えるなら、自粛派は純粋に脳内の情動系だけにもとづいて、皮質下回路でリスク回避を実行しました。かたや反自粛派にあたる人々は理屈で、つまり言語を使った知的判断にもとづいて行動していると推定されます。少なくとも情動系で喚起された恐怖を、言語・理性的判断でコントロールすることができるらしい。従って、コロナ関連情報を嫌悪刺激でない、通常の刺激として処理しているのだと考えられるのです。

むろん皮質下回路というのは、動物全般に広く共通するシステムであるのに対し、言語を司るのはヒトだけです。だから自粛派がサル的であるのに対し、反自粛派はヒト的ということになるかもしれません。

こう見てくると、何やら反自粛派のほうが自粛派よりも高等で、優れているかのような印象を与えるかもしれません。現にテレビのコメンテーターといわれるような人々の言動を見ていても、単にコロナ感染の危険をいい立てる方よりも、数字をあげて日本はまだパンデミックにはほど遠いから経済を回さないと、と冷静に分析する方のほうが、知的でハイブラウな気がしないでもありません。

だが、言語にもとづいて冷静に判断するというのも善し悪しであることを、過去の研究は示唆しています。具体的に言語で判断するほうが、記憶力が悪くなったり、思考力が低下することが往々にしてあるのです。

有名な事例は、目撃者としての犯人の顔を記憶する能力の比較です。犯罪を犯すシーンをビデオで提示します。そのあと、ひとつのグループの被験者には犯人の顔の特徴を描いてもらいます。もうひとつのグループには、単純な四則計算をしてもらいます。そのうえで、複数の人物の顔写真を見せ、犯人を当ててもらいます。ふつうに考えると、犯人の特徴を描いたグループのほうが正答しそうなものですが、現実は反対にこちらのほうが成績が悪くなります。

飲んだワインの銘柄を記憶する実験というのもあって、やはり味について批評家よろしくコメントすると、飲んだワインの銘柄を覚えられません。

昨今のテレビでは、グルメ番組というものが一個のジャンルとして、すっかり確立した感があります。旅番組を見ていても、一部に必ず組み込まれています。

どこそこの街へ行くと、こういう料理を提供する店があるという紹介が入ります。そしてそこへ旅するタレントが立ち寄って、その料理を口にします。食すと、必ずコメントします。食レポという語彙《ごい》すら、出来上がっている始末です。

しかし、そういうテレビで食レポをしているタレントは多分何を食べたのか、食レポのあとほとんど覚えていないはずであることを、先述の実験結果は示唆しています。

ことばで考えることの短所

図形パズルみたいな問題を解く際にも、言語が妨げになることがよく知られています。学校時代のクラスメートで、国語はすごくよくできるのに数学の幾何とりわけ空間図形とかになると、からっきしできない友人がいませんでしたか？

いわゆる審美眼があるという人物が、世の中には存在します。画廊のオーナーなどで、あの人が褒める画家は若くても将来必ず大物になるとかいわれたりします。そういう方に、優れた作品と駄作を見分ける法を尋ねても、おそらく理解できるような回答は返ってこないでしょう。本人は、一種の直感みたいなセンスで、優れた作品はそれとわかるらしいのです。

あえて当人に、この絵画の優れている点を教えてくれと頼むとすると、一応返答してくれるかもしれません。いわく部屋内の机といすの配置がよい。いわくバランスがとれている。いわく家具の配色と背景の黒のコントラストが絶妙だ。いわく窓の外の光景と室内の遠近の使い分けが、他人ではできない芸当だ。……という具合かもしれません。けれども、本人がこれを「いい！」と感じたのは、作品を見た、その瞬間にもうひらめいているのです。それを頼まれたから、強引に言語化したにすぎません。

その際、言語というものが目にした絵画に描かれた光景を分解していることが、おわかりいただけるのではないでしょうか。逆にいうと、分解しないと言語で表現することは不可能であるということです。

言語は、二重分節構造をもつといわれています。文というものがあって、それは単語の配列から構成されています。日本語であるならば、日本語語彙というのがそれです。さらに単語は、「あ、い、う、え、お……」といった有限個の音（音素）で構成されています。いわば、二重のデジタル構造をなしているわけです。

他方、絵画のような対象の発する情報はアナログです。そのアナログ情報をいろいろな次元でデジタル表記しようというのが、言語化のプロセスにほかなりません。つまり表現したい事柄を、まず分解・分析し、その分解物を音素の配列から出来上がった語彙の、さらに配列で表わすことが求められるのです。

だが世の中は、分解しづらいものであふれているのが現実です。たとえば、誰か特定の友人の人相を、ことばで表現しようと試みたと想像してみてください。相手にわかってもらうのは、ほぼ不可能に違いありません。

食レポがむずかしいのも、まったく同様です。まず味というものは、視覚イメージと異なり、おいそれと分解できません。さらに言語には、何語であれ味覚を表わす語彙がそれほど存在しません。そもそも有史以来、人類は食べたものの情報を仲間にこと細かく伝達するということなどしてこなかったのでしょう。それをする必要性が生じなかったと書いたほうが正確かもしれません。食レポをしているタレントが、有史以来の最初の人物だったのです。

むろん仕事ですから、彼らは懸命に努力して表現しようとする。そうすると食べたものがそもそも何だったかは、記憶に残らないのです。食べたものが美味であれば、「おいしい」で十分なのです。

怖さはことばで説明できない

そして恐怖という感情も、美味というセンスとまったく同じです。怖いのに、どうして怖いのと尋ねても、怖いから怖いのです。コロナへの感染を怖いと感ずる人々に、現象を分析したデータを示して、だから怖くないでしょうと反自粛派が言語で説得するのは、根本的に的はずれのことをしていることになります。

ですから、知的であるということをどう定義するかの「物差し」次第で、どちらが優れているかは変わってくるのです。しかも、これがいちばんよいという「物差し」が存在するとは、とうてい思われません。自粛派・反自粛派どちらにも優れた面と足りない面があるということです。

反自粛派が、言語を用いた思考に優れた人々からなると考えられることは、すでに書いた通りです。困ったことに日本では、学力というものの評価は、おおよそ言語による思考を測定することによってなされる傾向にあるのが現実です。たとえば洞察思考という、パッと見た瞬間のひらめきみたいなものの優劣で測ることが、もっとあってもいいにもかかわらず、です。

それゆえ東京大学に合格するような人の大多数は、例外的なほど分析的な発想を得意とする人たちで構成されることとなります。そもそも現行の入学選抜試験のような手法では、洞察思考能力を評価することが困難です。そんな能力はテレビのクイズ番組でしか役に立たない、と、入学試験問題を作成する側には蔑視しているきらいすら感じられます。

絵画への美的センスは皆無でも、味覚音痴でも関係ありません。その東大生から上級公務員は多く輩出されますから、政府の役人もまたしかりとなります。ですから彼らは、自粛派のウイルスへの怖れを口では理解したふりをしていても、心底はわかっていないのです。テレビに登場する非自粛派のコメンテーターしかりです。

第4章 なぜ、コロナハラスメントは起きるのか

体験談を話すことへの恐怖

ここまでお読みいただいて、コロナに対し、自粛に積極的である人々とそうでない人々では、病原体への恐怖のあり方がかなり違うという事実、しかもそれは双方で脳の使い方に違いがあるからだということが、おわかりいただけたのではないかと思います。

恐怖は時として、人を一見する限りでは理不尽に映る行動に駆りたてます。ここではその典型例としての、コロナハラスメントがどうして起きるのか、その心理メカニズムについて、私の解釈を書くことにしたいと思います。

この種のハラスメントは、歴史的に見ると、かつては人類が生存をかけて行ってきた「大事な」行動であったし、自粛第一の発想というのも、そこから生まれてきていると考えられます。

テレビのワイドショーなどを見ていると、感染者あるいは感染者にかかわって仕事をしている人への、いわれのない誹謗中傷が行われているという話を頻繁に耳にします。

たとえば、2020年の秋以降のいわゆる感染の第3波の襲来で、各地で医療崩壊の危機が報じられました。そうすると病院内ですら、コロナ患者に接している医療従事者が、そうでない同僚と同じフロアにいると、どうしてここにいるんだとか、感染していたらどうしてくれるのだとか、詰問されるという。手当の支給よりも、こういう状況をどうにかしてくれと訴えている話をとりあげていました。

PCR検査でコロナ陽性だと判明すると、多くの場合は隔離されるのですが、そういう人々も冷たい仕打ちに遭うことがしばしばあるとは、容易に想像されるところです。ただ詳しい体験談というのは、伝わってきません。あえて体験を話そうという人が見つからないのかもしれません。それはそうでしょう。そんなことをすれば、自分の身に「報い」みたいなものが返ってくる怖れが多分にあるのですから。

幸か不幸か、私には、ほかの感染症ですが、それに感染し、しかもさらに別の感染症にも感染していることを疑われて半月あまり隔離された経験があります。そこでコロナではないものの、感染を疑われるということがどういうことかを書いてみたいと思います。

感染症にかかった私の体験

話は1979年にまで、さかのぼることになります。大学院の博士課程の1年だった私は初夏からアマゾン河上流域のジャングルに長期滞在していました。目的はサルの調査です。ただしそれは、これから述べることとはあまり関係ありません。問題はそこで、マラリアとパラチフスにほぼ同時に感染し、発症したことでした。ふたつのうち、後者はチフス菌でかかるもので、抗生剤で治癒します。しかし前者は難物です。

そもそもマラリアは、ハマダラ蚊《か》という蚊に咬《か》まれ、その唾液にマラリア原虫がいる場合、それが血液中に入り込み、体内で増殖して発症するものです。虫を殺してくれる抗生剤はありません。マラリアにもいろいろ種類がありますが、私がかかったのはかなり悪性のものでした。一度体温が42度まで上がって、意識を失ったこともあったほどです。黄疸《おうだん》で顔が真っ黄色になりました。

幸い次第に回復に向かい、10ヶ月の滞在を予定通りこなし、1980年に帰国します。帰国時に、大阪国際空港の検疫所で事情を話すと、何かあった際に連絡する専門の医師を紹介されました。ところがそれから1週間もしないうちに、はたして発熱したのです。

38度ほどでした。

当然のこととして、紹介された医師のところへ行きます。今は統廃合されて存在しませんが、大阪にある病院でした。

かつてはコレラや日本脳炎《のうえん》など、法定伝染病患者を隔離収容できる、大阪で唯一の施設としてその名前が知られていました。「あそこに入る」というと、親族一同が近所から厄病神のように扱われたものです。今は建物そのものが取り壊され、マンションが建っています。

ちなみにマラリア自体は、今日の日本では媒介するハマダラ蚊がいないので、周囲に感染する怖れはありません。ところがその病院で、私はほかの感染症を疑われたのでした。

現地の風土病である出血症熱の一種で、いわばエボラ出血熱のような感染症です。受診と同時に即刻隔離されてしまいました。8人部屋ぐらいの病室にひとりだけ収容され、気がつくと私の病室のあるフロアは、ほかがまったく無人です。もちろん病室から出ることも禁じられ、接する医師も看護師も厳重な感染防御をほどこしています。

木曜の朝には、院長回診があったことを鮮明に覚えています。院長が私に「この出血症は発症すると、致死率が98％や。背中見せてみい。まだ出血してないな」といったのを、昨日のことのように思い出します。

幸い、疑いは杞憂《きゆう》に終わり、しばらくして退院できました。それからもしばらくの間は、定期的に発熱はありましたから、マラリアは続いていたのでしょう。血液中で原虫の数が増えると、熱が出るとのことで、そうなると脾臓《ひぞう》が腫《は》れるのがわかりました。けれども、もうその病院に行こうとは思いませんでした。

過去を振り返ってみて、隔離中の何がいちばん不快だったかというと、感染している病原体と、それを保有している私という一個の人間存在を同一視されていると感ずることだったのだと思います。要するに感染症を疑われると、当人が「ばい菌」扱いされているように思うのです。

お断りしておきますと、看護師さんたちからぞんざいに扱われたとか、そういう意味ではありません。入院患者として、ごくふつうの待遇だったと思います。しかし、やはり何か「腫れ物に触る」ようにされているという印象を、こちら側がもってしまうのです。思い過ごしといわれれば、それまでなのですが、ただコロナのような感染症の疑いで入院とかをすると、誰もが多かれ少なかれ、そういう一種の被害妄想といわれても仕方のない感情を抱くという事実を、社会が共有することは必要だと思うのです。

退院してからも、そういう経験は続きました。噂《うわさ》になるのは、避けられません。いろいろ聞かれると説明しないといけないけれど、やはり好奇の目で見られているという気持ちはぬぐえません。何も尋ねられなければ尋ねられないで、向こうが気を遣っているのでは、と気になってしまいます。

マラリアにかかったことは、否定できない事実としてあるわけで、それに関しては故《ゆえ》のない誤解を受けました。要するに周囲にうつるのではないかという危惧を、しばしば向けられました。

繰り返しますと、マラリア原虫は、ハマダラ蚊という特別な種の蚊のみが媒介して伝染します。だから、感染者から他の人にうつることはありません。この蚊は、熱帯地域にしか生息しません。沖縄県をのぞく日本の大部分の地域や北米、ヨーロッパには棲んでいません。

過去には、日本にもいたようです。平安末期に生きた平清盛は、熱病で亡くなっていますが、それはマラリアだったという説があります。明治期以降では沖縄県とりわけ石垣島で、発症例が多いようです。ヨーロッパでは過去にイタリアのローマ以南、北米ではルイジアナやフロリダの沼沢地付近で、記録が残っています。

けれども、どう説明しても、何かのはずみで感染するのではないかと考える人は決して少なくないことを知りました。それは日本だけではなく、欧米でも同様であることを、1980年代に現地で暮らして、身にしみて感じました。

ハラスメントは根深く流布している

ですから、事情はコロナについても変わらないだろうと、私は想像しています。コロナに感染して治癒しても、あるいは感染の疑いをかけられて結果がシロであっても、冷たい目で見られる、あるいはそういう思いにかられることは、覚悟してかからないといけない。コロナハラスメントは、社会で認識されている以上に根深く流布しているのではないでしょうか。

科学的根拠のない中傷です。ただし、自分自身の過去を振り返って、あえて書くと、ハラスメントをする側にも、そうするだけの根拠は存在すると思うのです。というのもハラスメントをする側に立ってみると、結局ウイルスに恐怖を抱いているわけで、それは生物としてのヒトがヘビや毒キノコに対して抱くのと同様の感情であることを、サル学の研究が示唆していることは、すでに説明した通りです。

しかし非常に困ったことに、病原菌というのはヒトにとって目に見えない危険であるわけです。ウイルスにいたっては、実体顕微鏡ですら存在がわかりません。テレビのニュースを見ていると、いつも黄色を背景にどす黒い点が表示されていて、あれがコロナだという。あれに恐怖を感じよといわれても、感じることのできる人はまずいないでしょう。ではどのようにして、リスク回避のための恐怖感情を喚起することができるのか？

ウイルスに感染している同種個体としての仲間を怖れるしか、方法がないのです。

「罪を憎んで人を憎まず」という戒めがあります。犯罪者が悪いのではなく、その人物を犯罪にいたらしめた背景を問題にせよということでしょうか。なるほど、理屈ではわからぬでもありません、だが、被害者の側に立つと、これは実践するのが大変です。

けれども「病原菌を怖れて、その保菌者を怖れず」、あるいは「コロナを怖れて、その感染者あるいは感染の怖れがある人物を怖れず」という戒めも、これと同等あるいはそれ以上に実践がむずかしいと、私は考えます。

しかも行政が「コロナに気をつけろ」と、しきりにあおっていると書いてもいい状態が続いています。それに従おうとする態度でいればいるほど、つまり自粛に前向きであるほど、コロナハラスメントに走りがちになるのは、必然的な結果であるといえるでしょう。それを行政が、コロナハラスメントみたいな行為はけしからんと警告を発したところで、自分で火をつけておいて火消しに走る、「マッチポンプ」のようなものです。

誤解のないように付け加えますが、私はコロナハラスメントを容認しているわけではありません。ただサル学の立場からすると、起こるべくして起きていると客観的に分析しているので、問題は解決されるべきだと感じています。

陽性者を分離することは危険である

今回のコロナの感染拡大にどう対処するかという事案に関し、テレビのワイドショーを見ていると、国民に対し、自覚症状のあるなしにかかわらずPCR検査をどんどん実施しろという意見をしばしば耳にします。

とりわけ感染者の多い地域、東京や大阪ではできれば全員検査が望ましい、しかも検査したあとに感染するということがあるから、ほぼ定期的に繰り返し検査するべきだ、という。そして陽性と判定された人を陰性者から隔離しろ、という意見です。要は、感染者を非感染者集団から完全に分離することが何よりの方策で、もうそれしかないとまでいい切る雰囲気です。

はたして、そんな政策が現実に実行可能なのかという疑問が、まず湧いてきますが、まあそれは脇に置いておいて、実行できたと仮定しましょう。新型コロナウイルスは潜伏期間が2週間もあり、この間は検査しても陰性で、しかもやっかいなことに、この時期すでに周囲に感染させるリスクをはらんでいるとのことです。

ですから先述のアイデアでも、完全に感染拡大は抑え込めないということになるものの、まあそれも棚上げにして、もし実行した場合、都心にコロナ陽性者の巨大な居住地帯が誕生することになります。

それは、かつてのヨーロッパにあったゲットーと呼ばれたユダヤ人居住街と、かなり似た状況を生み出す怖れがあると私は想像します。

インターネットでウィキペディアの「ゲットー」の項を見てみると、「中世の西欧・南欧諸国で、都市のなかでユダヤ人が強制的に住まわされた居住区」という定義が、まず登場します。キリスト教徒が自分たちと差別化をはかるために、少数派のユダヤ教徒たちに、そこで暮らすことを強制したのです。むろん日常生活において、さまざまな形で迫害を受けることとなりました。

迫害から逃れるため、なんとかしてゲットーから脱出しようとする人々も、あとを絶ちませんでした。幸い脱出できた場合、自分がゲットー出身であることを隠したのは、いうまでもありません。

要するにゲットーに住む人間は、周囲から「ばい菌」扱いされたのです。もしもコロナ陽性者を分離するという政策が、本当に採用されたならば、その疫学的効果はまったく別として、そこに暮らすように指示を受けた人々は、「ばい菌」とみなされることになるだろうと予測されます。

いや、21世紀の日本で、そんな非人道的なことが起こるはずがないという反論が、予想されます。しかし、コミュニティを分断し分割するということは、やってみないと想像だにできない影響を及ぼすものであると、私は考えます。集団というのは、それぞれがおのずと凝集しようとします。つまり、まとまりをもとうとするわけです。だが、まとまりをもつには、周囲にある他の集団と差別化をはかることが必須なのです。コロナ陽性者集団が、その恰好の標的となることは火を見るよりも明らかでしょう。

ヨーロッパのゲットーの場合は、住民には外へ出る自由がありました。しかしコロナ陽性者が隔離されたとすると、外出すら禁止されるわけです。ゲットー以上の拘束です。過去にそれに匹敵するものといえば、ナチスドイツによるユダヤ人の強制収容所や、やはり第二次世界大戦中にアメリカ在住の日系人が収容された収容所ぐらいしかないかもしれません。英語でコンセントレーション・キャンプ (concentration camp) と呼ばれているものです。まさに標的となる人を集結させて (concentrate) 無理やりそこで生活させるわけです。

収容所にいた人々は解放されたのちも、そこにいたというだけで長い間にわたり、いわれのない迫害を受けることとなりました。コロナ陽性者も、もし収容されたとしたら、大なり小なり同じような烙印《らくいん》を押されることになるでしょう。事実、過去にはこうした可能性をうかがわせる史実の存在がありました。それを、第6章で紹介するつもりです。

「自粛警察」と「Go To トラベル」批判は妥当か

それでなくともコロナ感染者への恐怖がどんどん肥大しつつあることは、いわゆる「自粛警察」といわれる現象からも明白です。一例をあげると、2020年のお盆期間には、東京に普段暮らす人々の地方への帰省が社会問題化しました。東京から来てほしくない、という他地域居住者の声があるとの報道がなされました。ウイルスをもってきてもらっては困るというわけです。

東北のある地域では、駐車してある東京ナンバーの自動車に、「帰ってくると迷惑だ」という意味の張り紙をされたというので、注目を集めました。しかも実際は車のオーナーは、東京在住ではなく地元の人で、たまたま車のナンバーだけ東京であったといいます。

以後、そういうオーナーは地元在住であることの注意書きを車に明示するようになったということまで、話題になりました。さすがに張り紙に対して、批判が殺到しました。批判するのは、たやすいことです。しかし今は、都市と地方の格差がとてつもなく広がりました。地方には、なかなか他地域から人のやってこないところも珍しくありません。そんな場所でお盆という帰省シーズン、たまたま東京ナンバーの車を目にしたとしましょう。

「おっ、東京から誰か帰ってきてる」と感ずるのは自然です。このとき、東京者イコールコロナ感染者という推論が頭を駆けめぐったのです。普段から、マスコミで東京は感染者が多いというニュースを、耳にタコができるほど聞いています。そこへ普段めったにお目にかかることのない東京ナンバーを見た際、コロナをまず連想するのは、これまったく自然な成り行きなのです。瞬間、恐怖が身体を駆けめぐります。

すでに書いたように、少数例のサンプルからなるカテゴリーに対してのほうが、人間は激しい嫌悪を安直に感じるようにできているのです。たとえばO157で汚染された生レバーのように。

東京ナンバーだって、そもそも珍しいから目をひいたのです。いちいち車のナンバーをチェックしている人なんて、いません。それでも珍しい地域のナンバープレートは、向こうから目に飛び込んでくるわけです。こういうのは誰でも、普段から経験していることにすぎません。

「自粛警察」など、極端な事例にすぎない、他都道府県ナンバーの自動車に抗議の張り紙をするなど、たった一例をとりあげて批判するのはオーバーだと感ずるかもしれません。だが、決して他人《ひと》ごとではないのです。

第5章 「Go Toトラベル」キャンペーンはどうして嫌われるのか

感染リスクが低い人のほうが「Go To」を嫌う

「Go Toトラベル」キャンペーンをめぐる騒動にも、それは反映されています。周知の通り、コロナ禍で冷え込んだ観光事業を活性化するため、政府が景気回復の目玉として打ち出した政策です。

旅先で宿泊すると、宿泊代が値引きされ、なおかつ現地で現金代わりに使えるクーポンをもらえたりする。評判になる半面、旅行客の移動がコロナの感染拡大を助長しているという批判にも、さらされることとなりました。

政府は最初から一貫して、拡大を助長しているという批判はあたらないというスタンスで、政策を進めました。ところが2020年11月から感染の第3波が激しくなり、12月を迎えます。感染者は減るどころか増加を続け、年末年始が見えてきました。

そして12月14日、突然に12月28日から2021年1月11日までの、「Go To」の中断が宣言されることとなったのでした。

その理由はいたって明白。直前に発表されたマスコミ各社の世論調査での、内閣支持率の急落が原因でした。どこの発表をとってみても、約60%であった数値が40%台にまで落ち込んだのです。「Go To」に対する批判であることは明らかなように見えました。少なく見積もっても、1000万人の日本国民が批判に回ったと推測される数字です。むろん、「Go To」を使って旅行しようと考えている人々が、政策推進に反対するはずがありません。使うつもりのない人々が反対しているのでしょう。では、「Go To」の何がそんなによくないのか？

旅行客の移動によって、感染が拡大するというのです。日本で感染者が集中しているのは東京や大阪という大都市圏です。「Go To」を利用するのは、金銭的かつ時間的にもゆとりのある富裕層で、これまた東京や大阪という大都市圏に、多くは居住している人々にほかなりません。

つまり、そういうところの住民が観光地をかかえる地方へ行くと、ウイルスをうつすのではないか、だから移動するな（来るな）というのが批判のメッセージと解釈できます。これはつまるところ、他都道府県ナンバーの自動車を見て、抗議の文書を貼り付けるのと大差ありません。

そもそも、鉄道車内や飛行機機中での感染リスクは低いとされています。旅行客が観光地をめぐったところで、地元の人々とどれだけ接触の機会があるのか、それによってどれだけ地元にウイルスが持ち込まれるのか、大変疑問です。しかも地元でも、接触するのはたいていは観光に携わる人々ではありませんか。

私は今、この文章を2020年末に沖縄で書いています。沖縄県は、感染がかなりおさまりつつあるというのが、地元のおおよその印象です。観光業の人々は年末年始に東京から、大挙して旅行客がやってくると期待していました。ところが「Go To」を止めるという。「なんで」というのが、おおよその感想です。感染リスクの高い人が、かまわないと考えているのに、当事者でないリスクの低い人が、けしからんというのです。

自分自身はコロナ禍の渦中にいないという人、つまりそれほど感染する機会がないという人ほど、コロナ感染への嫌悪は強いのです。感染のリスクを背負わないと生きていけない人ほど、冷静に現実を直視できます。

かたやリスクから逃れていると、ひょっとすると地元の観光業に携わる人々をすら、内心では、いまいましく感じるようになるかもしれないのです。それが、サルとしてのヒトに備わった天敵への嫌悪の本来のあり方なのです——君子危うきに近寄らず——。他所《よそ》者に愛想を振りまきやがって……となる。

他所者への嫌悪のメカニズム

ちなみに、こういうことはコロナ禍で初めて起こったわけでは決してありません。

私は昭和29年に大阪に生まれた者ですが、姓にある正高という家はもともと伊勢（三重県）の出なのだそうです。昭和初年、祖父の代に大阪に出て薬の販売を始めました。今はツムラという名称になっている、津村順天堂という会社を創業したメンバーのひとりだったそうです。その祖父も父も「近江泥棒伊勢乞食」という台詞《せりふ》を、何度も子どもの私に話してくれたのを覚えています。江戸時代、商才にたけた近江商人と倹約に努めた伊勢商人をやっかみ半分にくさした言葉だそうです。

第二次世界大戦前の当時になっても、日本最大の商都であった大阪では、近江（滋賀県）出身あるいは伊勢の出とわかると、周囲からそういわれたものだそうです。

そのころの、生き馬の目を抜くような大阪の街で、地方から出てきてひとかどの商売人としてやっていくためには、並みの努力では無理だったのでしょう。近江商人や伊勢商人と呼ばれる人々は、それをやり遂げたから生き残れたわけです。

けれどもその分、嫌われたりやっかまれたりすることも多かった。汚い取引をする商人はいくらでもいます。しかし、近江や伊勢出身の人がすると、そのときだけ「だからあそこの出の奴は」と嫌悪の対象になりました。こういうことは、連綿と続いているのです。

「徳島の人間は、こすい」とも、よく聞かされました。「こすい」とは方言で、やり方が汚いとか、卑劣だという意味です。徳島県というのは不思議な地域で、四国にありながら経済・文化は完全に関西圏に属しています。大阪に働きに出てくる人は、全然珍しくありません。商家であった生家では、「徳島出身には気をつけろ」と、店で働いている人がよく口にしているのを耳にしました。

実は定年でやめるまでの勤務先で、私にも本当に嫌な同僚がいて、それが徳島出身でした。すると、「やっぱり徳島の奴はこすいな」となるのです。

よく考えると、私自身今までの人生で親しく接した徳島出身の人は、10人程度なのです。そのうち、こすいと感じたのはこの同僚だけです。該当率はたったの1割にすぎません。しかも徳島県はお遍路で有名なところですけれど、行った人に聞くと、地元の人は大変に親切だとみんな口をそろえていいます。

兵庫出身であろうと、奈良であろうと、和歌山であろうと、10人集めればひとりぐらいはこすい可能性は、極めて高いと思われます。ですからこの経験をもってして私が「やっぱり徳島の人間は……」と考えるのは、まったく非合理です。しかしながら理屈でいくらそう理解したところで、やはり感情が「徳島は……」とそちらに傾いてしまうのです。それは、たまたま目にした車のナンバーが、非常に稀な東京ナンバーだったときに、コロナ感染を連想してしまうのとまったく同じメカニズムなのです。

それは、私が過去に出会った徳島出身者のサンプル数が、飛び抜けて少ないことと深く関係しています。たとえば大阪に隣接している京都の人間を、私は多数知っています。陰険な人物も少なくありません。おそらく比率に換算すると10％を優に超えるかもしれません。それでも「だから京都の奴は陰険だ」ということにはなりません。見知るサンプルが増加すると、独断はしなくなります。

また徳島出身のひとりが、たまたまとてつもなく善人であったとしても、だから「徳島の人間は人格者だ」とはなりません。「よい」内容は、こういうラベリングをされることはありません。嫌悪でなければならないのです。

原始の時代、人類には感染症の恐怖はなかった

他地域からの来訪者、いわゆる他所者を見るとついついコロナの感染の可能性を連想してしまうのには、れっきとした理由があります。

すでに書いたように、ヒトがウイルスを怖れるのは、ヒトに生物として備わっている天敵への恐怖・嫌悪にもとづいているわけです。典型的に、それはヘビへの恐怖に代表されるものだということも書きました。ところがウイルスはヘビと違い、その存在を目でじかに確認できない。だから病原体の保持者を嫌悪するようになる、とも書きました。実のところ、人類の誕生以来の歴史をたどってみると、ごく最近まで最大の災厄はヘビに咬まれることだったのです。

周知の通り、人類の起源は今日、熱帯アフリカであると考えられています。

そして狩猟採集生活を営んでいたといわれて、久しくなりました。ひと昔前にはアジア起源ではないかなどと取り沙汰されていた時期もありました。けれどもアウストラロピテクスの発見以降の、相次ぐアフリカでの猿人の化石発見で、状況は一変しました。狩りのための道具も出土したりして、改めてサバンナに暮らす先住民が注目されるにいたったのでした。ああいうライフスタイルこそ、人類の原初の生活にもっとも近いものなのではないか？

複数の成人男女とその子どもが複数集まり、そこに独り者の男女も少なからず加わって、ひとつの群れをなす。生息圏はかなり広域で、基本的に移動生活を営む。食料の調達はもっぱら狩猟と採集による。男は寄り集まって狩り、女は採集と、分業が成立している。得た食物は、活動に参加した者に平等に分配される。夜になると、簡易なテント形式のものを張ったりして雨露をしのぎ、明るくなるとあらたな食物資源を目指すといったイメージです。

ただし群れのメンバーは厳密に固定していなくて、むしろ流動的で離合集散を繰り返します。人類学者がバンドと呼ぶ形態です。要は、気のおけない仲間がつるんで寝食をともにし、そうかと思えばやにわに別離するという社会生活が、われわれの祖先が最初に営んだ生活の形式であったのではないか、と考えられている。

生きていくのが大変そう、と思われるかもしれません。しかし獲物や収穫物は、そのころはそれなりに潤沢だったようで、一日中しゃかりきに働かなくとも食っていけるし、その日その日を、「気ままに」暮らしていけたという意見の人類学者も少なくありません。

気ままというのが、キーポイントかもしれません。ともかくストレスのない生活でした。しかも、こういう生活スタイルでいる限りは、病原体による感染症などは、まったく怖れる必要がないことが了解いただけると思います。そもそも病気がうつるということすら、認識され得ないでしょう。

最大の危険といえば、ヘビによるものにほかなりません。私自身、カラハリ砂漠でしばらく暮らしたことがあります。2010年と2012年でした。咬まれたら確実に命を落とすというヘビが、7種生息していました。しかも、それらのどれかに遭遇しない日は、まずありません。嫌悪学習の特殊なスタイルは、そういう環境下で進化しました。この学習がなかったならば、途方もなく多くの人間が成人するまでに命を失ったことでしょう。しかし、そういう時期は、人類史では15万年以上も続いたと考えられています。ところが今から6000年ほど前、人類の生活に一大革命が起こったのでした。ひとところに固定したメンバーで生活する、すなわち定住する集団が現われたのです。定住化と呼ばれる出来事にほかなりません。

人類の生活様式が一変した定住化革命

契機となったのは、人口の増大であったと考えられています。徐々にではあるけれども生活する人の数が増えていって、熱帯アフリカでは収容しきれなくなっていった。つまり生活圏を拡大する必要に、人類は迫られました。

熱帯ばかりでなく他地域へと生活圏を拡げなければ生活できない、という状況が生まれたわけです。事実、1万年前になると北半球の中緯度地域にまで進出することになりました。日本に到達した縄文人も、その一例です。

ところが中緯度地域にやってくると、かねて遊動しつつ行ってきた狩猟採集では、周年生きていけないことが判明したのでした。冬の寒さが主たる理由です。熱帯では陸上生活を営む獣を狩ることで、食料確保には年間を通して不自由しないのに対し、ここではそれができません。冬期には動物性タンパク源が枯渇してしまうのです。食料を貯える工夫をしなくてはならなくなりました。そこで定住するという発想が生まれたのだと考えられるのです。それは、農耕が始まるより、はるか以前のことでした。

日本にやってきた縄文人を例にとると、およそ5900年前には現在の青森県にある三内丸山に大規模集落で暮らしていた事実が、発掘調査によって明らかになっています。それは弥生人によって農耕がもたらされるよりも、ずいぶん以前のことです。

三内丸山にあった集落は、東京ドーム9個分の広さがあったと考えられています。そこに日常生活を送るための通常の竪穴式住居と、クリの木でつくられた大型の建造物が10以上も建てられていたことが、発掘調査で判明しました。

縄文人がここで生活したのは、今からおよそ5900年から4200年前までの、1700年の間と推定されています。この間を通して、大体いつも150人程度が暮らしていたようです。

食料資源は主に、クリ。ついでクルミ、トチの実、さらにエゴマ、ヒョウタン、ゴボウ、マメ類があげられます。動物資源の種類は少なく、わずかにノウサギとムササビが見られるほどで全体の7割を占め、大型獣であるシカ、イノシシが非常に乏しいのが特徴です。おそらく、当時すでに獲り尽くしていたのだろうと思われます。
日本の学校教育で用いられている、世界史の教科書のページをめくってみると、まず初めのほうに「新石器革命」というような内容が登場することに気がつくでしょう。専門用語として確立しています。英語のNeolithic Revolutionの訳語です。

試しにインターネットでウィキペディアを検索すると「新石器時代に人類が農耕・牧畜を始めたことに関連して定住生活を行うようになった、一連の変革のこと」と記されています。おおよそ1万年前のこととも、書かれているかもしれません。

こうした記載に従えば、人類の祖先は歴史上、まず狩猟生活者として出発したのち、農耕民（あるいは牧畜民）へと移行するという図式になります。けれども、実は定住生活を営みつつ狩猟採集生活をするという、両者の中間段階が存在しました。そして、農耕民はやがてそこから誕生したのでした。

三内丸山に代表されるように、狩猟採集生活という生活方式を維持しながらも、遊動から定住へと移行するという決断を行った先住民というのは、世界的に見ても、決して稀なことではありません。極東アジア地域も例外ではないし、世界最古の竪穴式住居が発見されている北米のイリノイ川沿いのコスター遺跡でも、現地でトウモロコシの栽培が最初の農耕として開始されるはるか以前に、もうすでに先住民が定住し、漁労生活を営んでいた痕跡が見つかっています。

8000年前から5000年前の間に、アメリカ西海岸のカリフォルニアでは、狩猟遊動生活から、石皿や磨石をつくり出して殻のかたい木の実（堅果《けんか》植物）の採集に依拠した定住生活が始まったことが明らかにされているし、ヨーロッパでもムギ類などの栽培植物やヤギ、ヒツジなどの家畜が生活に定着するよりもずっと以前から、定住生活が営まれていた形跡が報告されています。

具体的には、木の実をすりつぶすための石臼や、それらを貯蔵する目的で建てられたと思われる石囲いのある建築物の跡が発見されているのです。

むしろ移動生活から定住生活への移行は、世界各地で同時並行で行われたというのが定説となっています。そしてそれが起きた地域は、北半球の中緯度森林地帯という点で、みごとに共通しているのです。しかも大河や海岸に面した地域に限られるという。詳しくは昨年出版した拙著『いじめとひきこもりの人類史』にあたっていただければ幸いです。

共同体の誕生が感染症の蔓延を深刻化させた

そして定住生活への移行はそれまでの社会生活のあり方を大きく変更する契機となりました。定住することによって初めて人類は、共同体、コミュニティというもののなかで生活するようになったからです。

すでに書いた通り、狩猟採集で資源を調達する遊動生活を営む限りでは、所属するメンバーが固定しないバンドという集まりを形成するだけで、人類は充足していました。離合集散する、そうした暮らしを営む限りにおいては、同じバンドに暮らす仲間に対して、もしも相手を不快と感ずれば近づくことをさし控え、危険の到来を認識すれば逃走するという基本行動原理を守るだけで十分生きていけました。

だが定住生活に移行すると、それではすまなくなりました。共同体の固定したメンバーとの間に、持続的な社会関係を形成・維持することが求められる事態になってきたのでした。

遊動生活では、その場限りの付き合いですんだのが、それではすまなくなりました。継続ということが求められるようになってきたのです。いいかげんな仕打ちを相手にすることはできなくなります。互いに信頼できる関係でないと、共同体に住み続けることはできません。

すると恐怖の対象も変わっていきました。三内丸山のように、居住する場所が定まります。その範囲内にいる限りは、ヘビなどの天敵への危険性というものは劇的に減少しました。

いつも人が生活するわけですから環境が整備されます。共同体の居住域の外へ出ない限りは、動物に襲撃されるというような機会は少なくなっていきました。その代わりに問題になってきたことこそ、感染症が共同体内に流行する危険なのでした。

定住化するとは、まわりから閉ざされた社会を形成することを意味しています。といっても完全にクローズなわけではありません。外部との交易はけっこう活発だったようです。

三内丸山でも、発掘された矢じりを調べると、北海道でしか採れない石でつくられていたりすることが、全然珍しくありません。今日想像するよりも、はるかに遠距離の人々との行き来はあったようです。けれども日常生活のうえでは、同じメンバーが顔をつき合わせて暮らすようになったのは、確かです。

２０２０年の流行語大賞を獲得した3密（密閉、密集、密接）の機会が、定住生活になると飛躍的に増えました。むろん、通常付き合っている対象は信頼のおける相手です。信頼がおけるということが、そもそも共同体を危うくするリスクをもっていないという意味を含んでいます。

ただ稀ではあっても外部から来訪者があるし、そういう来訪者となると、どれほどリスクをはらんだ者であるかは未知なわけです。つまり、それまで共同体内になかった感染症の病原体を、矢じりとか土器のような魅力的な物品とともに持ち込んでくるかもしれないのです。

事実、最近のドイツでの人類学者の研究によると、まず問題になったのは性感染症だったと考えられています。いわゆる性病です。

当時の居住者の性交渉のスタイルは、けっこう乱婚的であったといわれています。つまり交渉相手の選択が自由でした。そういうところへ来訪者があるわけです。当然、関係を結ぶことになります。そこで感染が起こり、うつった共同体メンバーが、誰かほかの異性にうつす……という風にして感染症の蔓延が深刻化しました。結果として、一夫一婦の生活スタイルが確立したのだともいわれているほどです。

他所者嫌悪は21世紀も5000年前も変わらない

性感染症の場合は、性交渉にともなう接触感染が主ですから、乱婚をやめたりして、接触を減らすよう留意すればおおよそ蔓延は防止できます。しかし空気感染となるとそうはいきません。しかも病原体というものへの知識が、皆無であるころのことです。どうすれば予防できるか？

つまるところ他所者を警戒する以外に、術《すべ》は残されていなかっただろうと推察されます。そしてコロナの感染が拡大しつつある21世紀の日本においても、状況は5000年前の縄文時代と大差ないわけです。

感染を防ぐには、3密を避け、不要不急の外出を控えるしか手がないというのが真実です。他所者があまり来ることのないような地域の近くに他の都道府県からの来訪者の痕跡があった（自動車のナンバー）としたら、警戒のアンテナがピンと立つのは、何の不思議もありません。

繰り返しますが、私はコロナハラスメントを正当化しようとして、こういうことを書いているわけではありません。ただ、地域共同体というのは、住民同士の交流が密であればあるほど、他所者には排他的になってしまいます。

当然Go Toトラベルなんかには、ウイルスをばらまくのではないかと懐疑的になってしまうだろうし、近所でコロナ患者が出ようものなら、この現代にあっても村八分にされてしまう可能性は決して低くはないと思います。非人道的、非科学的極まりない対応です。

しかし、そういう非人道的、非科学的な扱いを怖れるからこそ、その地域の住民は絶対にコロナに感染しないようにと、細心の注意をして生活するようになるということも、また真実なのです。連日テレビで報道される都道府県ごとの感染状況を見ていると、ほとんど感染者の出ない地域があります。そういう地域では、人々はそんな風に生活しているのです。

かたや東京のような都市部はというと、たとえ感染しても村八分のような理不尽な仕打ちを受けることはないかもしれません。ただ、だからこそ第3波を前に自粛、自粛と求められても、それがなかなか徹底しないのだということもまた事実なのです。

地域の凝集性と、他所者への排他性は表裏一体です。凝集度が高いと、他所者にそれだけ排他的になるのです。都市部に住んでいると、他所者に排他的ではなくなりますから、コロナハラスメントも起こりにくくなるでしょう。その代わり自粛も緩みがちになります。

自粛はしっかりする、だけれども感染者にハラスメントするのは控えるという態度を要求するのは、二兎を同時に追えといっているようなものなのかもしれません。

嫉妬が「Go To」批判を増幅させた

もうひとつGo Toトラベルが批判にさらされたのには、旅行者への嫌悪が嫉妬によって増幅されたことも、見逃すわけにはいかないでしょう。というのも、この施策で恩恵にあずかる旅行客とは、一部の恵まれた層の人々にすぎないわけです。自分の親や家族の介護で、泊まりがけの旅なんて絶対に不可能という日本人は、山のようにいます。「あの人たちだけいい思いして」とねたむのは当たり前です。

繰り返しますが、私はこのように書くからといって、コロナハラスメントの態度に賛同しているわけではありません。ただ人間の性はそうなっているのだと、客観的に書いているのです。それに賛成するか反対するかはともかくとして、わかっていただくことがまず重要だと考えるからです。

ただよくないと思うのは、そういう感情におもねるかのようなキャンペーンを、テレビの一部のワイドショーが展開することだと思います。

たとえば、感染の第3波のさなかに、しきりとGo Toをけしからんとぶちあげていた同じ番組が、12月14日に年末年始のGo To停止を政府が発表するや、とたんに停止にともなう混乱ぶりに批判の矛先を変更しました。自分たちが主張していた通りに政策が変わったことは棚上げにして、です。

そして一方で、かねて力説していた、国民全体にＰＣＲ検査を反復実施して、陽性者を強制収容しておけば、こんなことにならずにすんだ、みたいな主張を繰り返します。旧ソヴィエト連邦がまだ存在していたころに、そこと連携を密にして日本政府の政策をひとつひとつ批判していた反政府勢力と、体質は何も変わっていないような気がしてなりません。これでは見る側は、心情的に混乱が増すばかりではないでしょうか。

サルに嫉妬心は存在しない

嫉妬というのは、本当にやっかいな感情です。嫉妬さえしなければ、こんなことをあの人はしなかっただろうに、というような思いにかられたことのない人など、いないのではないでしょうか。けれども半面、嫉妬心があるからこそ人間は向上を目指すというのも、否定できない事実でしょう。

個人的に、私は相撲を見るのが大変好きなのですが、大相撲の力士の世界というのはいわずと知れた順位社会です。番付というランキングがあって、成績で変動します。ランクの上の力士が下に対し、優位に振る舞います。同じ部屋にいても、この原則は一貫しています。

　すると当然、部屋にあとから入ってきた者が番付上、先輩を追い越すということが起きてきます。後輩として、それまで先輩にぺこぺこしていたのが、立場が逆転することとなります。追い越されたほうとすれば、それはすごい屈辱です。だから必死で、屈辱をはらそうとします。精神医学的に見れば、恐ろしく不健康な日常を大相撲の力士は送っていることになるでしょう。ストレスそのものです。

　しかし、このストレスがあるからこそ、力士は強くなろうと努力するのだというのが、相撲界の考え方なのです。こういう考え方は、ヒト以外の動物には存在しません。サルにも嫉妬心はないのです。

　どうしてかというと、ヒト以外の動物は自分の置かれている立場ないし状態というものを、仲間のそれと比べるということができないからだと考えられます。

　たとえば、食べ物にありついたとしましょう。空腹だったのが、やっと満たされる。やれやれとむさぼり食べ出したとします。サルはそれで充足します。むろん彼らもふつうは群れで行動しますから、一頭が食べ物にありつけたときには、同行していた仲間のサルも同じように食べ物を見つけ出している可能性が大です。けれども仲間が食事をしているか、はたまた何をどれだけ食べているかということには、基本的に関心をもちません。

自分さえよければそれでいいのです。一方、ヒトは違います。自分が何か要求していることがあって、それが満たされるということがわかった瞬間、他人はどうなのかが気になります。そして、自分よりも他人のほうがよさそうに見えると、うらやましいという気持ちが芽生えます。それが嫉妬の正体です。

なぜ人は他人の不幸が好きなのか

この嫉妬心もまた、原始、人類が狩猟採集生活を始めたときに誕生したと、人類学者は考えています。われわれの祖先が、動物を狩ったり、植物を採集したりして生活を始めた際に編み出した生活原理こそが、平等の原則でした。獲物も収穫物も、仲間で均等に分けるということです。

生活の単位であったバンドのなかに、優劣は存在しなかったのです。

自分は狩りに大変貢献したから、たくさんの分け前をもらうというようなことをいい出したら、人々の集まりはきっとたちまち雲散霧消したことでしょう。そして結局は、狩りが得意な人物も仲間の協力を得られないので、獲物を獲れなくなってしまいます。狩猟採集というのは、共同作業によってようやく成立する生活形態だったのです。

ですから平等分配ということが、彼らの何よりの関心事となったのでした。大変に細かく、豆粒ひとつにいたるまで、同じ量がみんなに行きわたることが求められます。みんなが、そのために目を光らせました。不備があると、ただちに抗議の声があがりました。やがてそのセンスは、人間の心の奥底に浸透していきました。それは、狩猟生活をやめた今なお、私たちにしみついています。それが嫉妬心にほかなりません。

他人と比べないと、人類は生活を営めないのかもしれません。そういう自分に嫌けがさした人が、隠遁《いんとん》生活を始めるのかもしれません。そういう意味では、隠遁もまた嫉妬心のなせる業《わざ》といえないこともないでしょう。心から嫉妬の火を消そうと努力したあげくの、決断なのですから。

むろん大多数の凡人は、そこまで自分を追い込むことなく、日々の暮らしを送っています。テレビのワイドショーなどは、視聴者のそういう心に入り込み、他人の不幸や幸福を見せつけ、うらやんだりほくそえんだりさせることで成り立っているものといって過言ではないでしょう。

だからそのなかでは、銀座の高級クラブや、ミシュランの三ツ星フレンチの料理店が、コロナ禍で倒産寸前だというような話題が好んでとりあげられるのです。視聴者のほとんどが、足を一度も踏み入れたことのない店です。かくいう私もありません。「つぶれたって関係ないわ」と思いながら、たいていの視聴者は番組を楽しんでいることでしょう。

当事者の不幸を楽しんでいるのです。モラルとしては、好ましいことでないことは誰もがわかっています。しかし愉快に感じざるを得ないのが、嫉妬心の嫉妬心たるゆえんなのです。あげくのはてに、自粛派と反自粛派の溝は深まっていきます。

テレビ番組の制作関係者は、コロナに関する情報提供に資する目的でこういう話題も流しているんだと、弁明することでしょう。けれども他局との視聴率獲得競争の末にもたらされたものにすぎないことは、あまりにも明白なように思えてなりません。

第6章 なぜ、第3波の際には自粛は緩んだのか

なぜ孤食ではなく、黙食なのか

テレビには、もっとコロナの感染拡大を阻止するために工夫した番組作りをする余地が残されているのではないでしょうか。

2020年という、コロナが日本に上陸した最初の1年に限ると、テレビ報道が感染拡大防止にインパクトを与えたのは、先述の志村けん氏の死亡の件以外には、見当たらないような気さえするほどです。

11月に襲来した第3波の折には、感染者が増加しても、もはや以前のように人々は外出を躊躇《ちゅうちょ》するようにはならなくなったといいます。とりわけ、この傾向は東京で顕著に見られました。一日の感染者数が1000人を超えるようになった2021年でさえ、週末の渋谷の人出は変わりなく多いものだったといいます。

なかば窮余の一策という形で、黙食というコピーがつくられると、またたく間に流布しました。文字通り、飯を食うときは話をするな、ということです。複数人で食事する場合には、コロナ感染を防ぐために会話はやめましょうということを、外食店が自主的にいい出しました。行政が考えたわけではないという点で、日本では画期的です。マスコミで報道されると、好意的な反響を呼びました。

少し考えてみると、「黙食しましょう」というのは極めて奇妙なメッセージであるはずなのですが、そういうコメントはそれほど見当たりませんでした。どうしてコロナ感染のリスクを冒してまで複数人で食事する必要があるのかと疑問には感じないのです。以前から、孤食という表現は使用されていました。ひとりで食事することです。

孤食のすすめ、ではなくて、どうして黙食なのか。なぜ、ひとりで食事することをそこまでネガティヴに評価するのか。やはり、誰かと食卓を囲みたいということがよくわかります。

人は集団で食事をしたいという習性がある

これはサル学の立場からすると、いたって当然の心理なのです。そもそも肉食獣をのぞく、おおよそすべての哺乳動物は、採食時には集まるものだからです。もちろん霊長類も、例外ではありません。採食以外のときは分散しているような集団でも、わざわざ寄り集まって食べます。そういう習性が、遺伝子には組み込まれています。だから、孤食を極力避けようとするのです。ヒトもその習性を継承しています。

ただし、です。動物の場合、寄り集まる理由は会話をするというコミュニケーションを目指したものでは、決してありません。襲撃を受ける危険を回避するためです。

実は、採食時というのは、彼らにとってもっとも無防備になる瞬間なのです。食べることに気をとられて、周囲への注意を怠りがちになります。単独で黙々と食べていると、天敵が近づいてくるのに気がつかない可能性が高くなります。そこで複数で集まり、集団警戒態勢を敷くことにしているのです。ですから、一緒にいるからといって何やら意思疎通をはかるわけでは、まったくありません。

一緒にいるといっても、ふつう、背中合わせに位置し、お互いに異なるアングルで外界をモニターします。そして、できるだけ迅速に必要な食物を摂取するよう努める。摂取したら、さっと別れていきます。

ニホンザルでは、口のなかの頰《ほお》のあたりに、英語でチーク・ポーチという、人間にはない器官が備わっているほどです。チークとは頰のこと、ポーチとはあのウエスト・ポーチのポーチです。翻訳すると、頬袋でしょうか。採食時に食物を貯め込むために進化しました。

採食時には、大急ぎで食物を腹におさめるよう努力します。けれどもいくらがんばったところで、一定時間におさめられる量は決まっています。もうこれ以上採食していると、危険が迫ってくる、だから立ち去らないといけない。しかしお腹はまだ、くちていない。「テイクアウト！」と、人間なら叫びたいところです。だが容器がない。

そこで体内にテイクアウト容器を完備してしまいました。それがチーク・ポーチという次第です。野猿公園に行ってサルが餌を食べているのを見る機会があったならば、ぜひ注意して見ていただきたいと思います。みんなおたふく風邪にかかったように、頬をふくらませていることに気づくでしょう。そして、どこかほかの安全な場所に行ってから、おもむろに頬を手で押して、テイクアウト食品を口内にもどして、ゆっくり味わうのです。

そして人類でさえ、かつては同じ境遇に置かれていました。ひとりで食事をとる際、人間が食物を口に入れたのち、咀嚼《そしゃく》と嚥下《えんげ》をするとき、どこに視線をやるかを比較文化の観点から研究した人がいます。するとどこの文化の人間であれ、真正面のちょうど地平線のあたりの遠方を左から右へ、右から左へと繰り返し視線をやることがわかりました。外敵の到来に対し、警戒を怠らない証拠だと考えられています。

それゆえ会話をしながら食事するなんて、とんでもないことです。事実、日本でも武家社会の伝統では、食事は黙ってするもので、話をしようものなら行儀が悪いと厳しくたしなめられたものでした。

人が緊張感をもって生活していたころは、それが当たり前だったのです。食事しながら会話をはずませ人間関係を円滑にしましょうなどという発想は、ごく最近になって社会に芽生えたものにすぎません。生活がコミュニケーション重視へと傾斜を深めてきたところでしかあり得ないルールなのです。ところが今回のコロナ禍です。3密回避が、重要テーマとなりました。

こう見てくると、黙食ということが取り沙汰されるのもむべなるかなと思われることでしょう。しかも人類史を振り返ると、ほんのわずか「先祖がえり」するだけで達成可能な課題です。好評を博しているのには、こういう背景があると考えられます。

映像には百万遍の理屈をしのぐ効果がある

ただ黙食というのは、これはもうすでに外食を容認したうえでの規制であることは、まぎれもない事実です。本当はコロナ感染拡大防止には、外食そのものが困ることである。しかしいくら宣伝しても、もう以前のように外食を控えてくれなくなったので、仕方なく「せめて外食時には黙食を」ということになってしまったのでした。

人々が2020年前半のようには自粛しなくなったのには、いわゆる志村けんイフェクトが効果を失ったことが深く関係していると思われます。氏が逝去してすでに半年以上が過ぎ、人々からもマスコミからも、彼はすでに過去の人物とされてしまっていました。

不謹慎と、そしりを受けることを覚悟であえて書きますと、あの第3波の時期に誰か、志村けん氏クラスのタレントがコロナで死亡していたら、状況はまったく違っていたことでしょう。

これは、さすがに暴論かもしれません。だが、私がいいたいのは、メディアが、コロナが命にかかわる危険な病原体であると真剣に考えるのならば、それをアピールする効果的な手法を工夫すべきだろうということです。

志村氏の場合は、たまたま逝去したら、コロナが死因だったというだけで、それが視聴者のコロナへの意識にどう影響するかなどと、考えて報道したわけではありません。そのあたり、もっと自覚をもった番組作りをすべきではないのでしょうか。

先日、NHKニュースを見ていると、コロナに感染し肺炎を発症、重症に陥った65歳以上の高齢者は、血栓症を併発しやすいことが判明した、といっていました。13・2%といいますから、確かに高確率です。以前からコロナ肺炎になると、高齢者は脳梗塞や脳出血を起こしやすいといわれていました。血管が血栓でつまれば、そうなるのは当然だとうなずける話です。

けれども、数字をあげてそんな事実を口にしたところで、受けとる側に恐怖を喚起する効果は見込めません。それを番組制作側は、肝に銘ずる必要があるでしょう。

ニュースを見ていて、コロナで実際に死んだ人、およびその遺族をめぐる映像での報道、ないし重症のコロナ感染者の実像の放送がまったくといっていいほど欠落しているのを、いぶかしく感ずるのは私だけでしょうか。

すでに書いたように、日本では子宮頸がんワクチンがまったく流布していません。副反応が社会問題化しています。思春期の女子をもつ保護者が、これだけワクチンに拒絶反応をするのは、ひとえにテレビのニュースで、ワクチンを接種したがために身体に激しいマヒが残ったとする女性のショッキングな映像が流されたからです。映像には、そういう百万遍の理屈をしのぐ効果があります。ところが、コロナ感染に関しては、その特性をまったく活用しようとしません。

患者やその家族が報道されることによって、まさにコロナハラスメントにあうことを危惧し、人権上の配慮を考えてのことかもしれません。だが、感染拡大を食い止めるために、あえて報道に応じるという人々を捜す努力、そして、患者や視聴者の過度な心理負担にならないように留意しつつも、あえて批判を覚悟のうえで放送するという勇気をもったテレビ関係者がいてほしいと思います。

2020年のクリスマスイヴの日、東京都知事が記者会見で今年のクリスマスはサイレントナイトでと、自粛を促す発言をしているのをテレビで見た人も多いことでしょう。

あれでは、ほとんど冗談でいっているのかと感ずるだけです。

親戚をコロナで亡くしても実感が湧かなかったわけ

実は2020年6月、私は親戚をコロナの感染で亡くしました。97歳でした。私のおじの姉にあたる人で、直接に血のつながりはないという人です。死の4ヶ月前まで、関西でひとり暮らしをしていて、高齢になってひとり暮らしは何かと危ないのでと、親戚にいわれ、高齢者施設に2020年3月に入ってすぐのことでした。

施設に入所して間もなく、施設内で転倒したとのよし。慣れない環境だったので、考えられるアクシデントです。足を強くくじいて、大阪の病院に4月に入院。ところが、そこでコロナに院内感染し、6月にあっけなく亡くなったのです。

多くの方はご存知でしょうが、関西では3月には感染の第1波が襲来し、多くの高齢者施設では、たとえ子どもであっても、入所者との面会が不可となりました。親戚のいたところも、その例にもれず、誰も彼女に会えないままに事故、そして入院、あげくのはてに死んだという通知を受けとる事態になったわけです。亡くなったといっても、遺体に面会さえかないません。葬儀も行えないまま、お骨になってしまいました。亡くなったと聞いても、きつねにつままれた感じ、というのが正直な感想でした。死の実感というものは、まったく湧いてきませんでした。半年が過ぎた今も、それは変わりません。本当はまだ生きているんじゃないか、という意識をぬぐうことができません。

あえてたとえるならば、第二次世界大戦で応召され、中国や南方の戦場で戦死し、その通知のみを受けとった遺族の感覚に似ているのかもしれません。なんでも白木の箱が返ってきて開けると恩賜《おんし》のたばこという、天皇陛下からいただく菊の紋章の入った特製のたばこが一箱だけ、そのなかに入っていたというではありませんか。

コロナで友人や知人を亡くしたという人が、おしなべて私同様の経験をしているのだろうと推測されます。これでは病原体への恐怖というものは、死者から生きている者に伝わらないでしょう。

コロナをビジュアルに報道する工夫の欠如

テレビの報道というのも、基本的に同じだと思うのです。第3波が来て「大変だ、大変だ」というわりには、視聴者の実感としてはおのおのが勝手なことを口にしてまったく本質に迫っていない感じではないでしょうか?

死者の数だけを問題にするのならば、消費者庁の発表によれば2019年の1年で、約4900人もの65歳以上の高齢者が、ヒートショックで亡くなっているといいます。暖かい場所から急に寒いところへ行ったがために、心不全を起こしたり、血管が破裂したりする事故の総称です。しかもそのうち約4700人は、入浴時の事故で亡くなっているそうです。だから、お風呂に入る際には気をつけましょうとしばしば耳にします。

けれども、あまりにありふれた事故になってしまっているので、ヒートショックで亡くなったということそのものがニュースになることはなく、件数の多さへの実感はほとんどの人がもてずにいるのではないでしょうか。それと同じことは、コロナについてもいえるような気がしてなりません。

ペストに関しては、黒死病とも表現されたように、死にいたるときには感染者の風貌そのものが劇的に変容したと聞きます。これはアピール力としては、満点だったことでしょう。コロナに感染して肺炎を起こすと、非常に激しい咳に悩まされると、巷間伝わっています。

だが、実際にどんなものなのか、見た人などごく限られるのではないでしょうか。少なくとも、私は見たことがありません。「あんなに苦しむんだ」という実態を、もっとメディアは報道すべきだと思いますが、いかがでしょうか。

ペストの症状が恐怖を増大させた

ペストの病因が解明されたのは、19世紀末のことでした。ペスト菌と呼ばれることになる病原体の細菌が同定され、それがノミによって媒介される事実が判明します。さらに、そのノミの宿主がヒトではなく（ヒトも宿主になりうるのですが）、主たるものはネズミであることがわかって、ネズミを駆除することが何よりもペスト予防の課題であることが明らかになり、それ以降、感染の拡大が収束を見るにいたりました。

けれどもそれまでの間、人類はさんざんにこの感染症に苦しめられました。おそらく人類最大の難敵であった疾病と表現しても、誇張にはならないでしょう。有史以来、少なくとも五度のパンデミックな流行を経験したことがわかっています。各流行は、おおよそ300年程度の間隔を置いて起こりました。詳細な資料が残っている14世紀の流行では、ヨーロッパだけでも3000万人が死んだことが、明らかとなっています。

この時期に残されたおびただしい記録のなかでも、もっとも著名なもののひとつとして、ジョヴァンニ・ボッカチオの手になる『デカメロン（十日物語）』をあげることができるでしょう。ボッカチオはいわずと知れた、14世紀イタリアのヒューマニスト（人文主義者）です。1313年フィレンツェに生まれました。36歳のころ、まさにその地でペストの流行に巻き込まれ、著わしたものこそ『デカメロン』なのです。

この作品は今日では世界文学史上、艶笑《えんしょう》文学の古典という位置づけを与えられています。3人の男と7人の女が10日間、ぶっ続けで各人一日1話、計100の好色譚から悲劇までさまざまな物語を語り合うという構成なのですが、どうしてそういう状況になったかというとペストが流行っていて不要不急の外出自粛になったから、仕方なく家にお籠《こも》りせざるを得なくなったという設定なのです。さしずめ今なら、ゲームをし続けるというところでしょうか。

ですから作品の冒頭の、いわば前振りとして病気の紹介が書かれています。

東方諸国では鼻から出血するのが避けられない死の徴候でありましたが、それとは違って、ここでは男も女も同じように罹病の初期には鼠径部か脇の下に腫物ができて、それがあるものにはリンゴぐらいの大きさとなり、他の者には卵ぐらいの大きさとなり、（中略）この恐るべき腫物は、上に述べました身体の二箇所から始まって全身至るところ、ところかまわずひろがりますが、その後病症の形態が変わってきますと、黒色または鉛色の斑点が腕とか股とか身体のその他の部分とかにたくさん現われてきまして、形が大きいと数が少ないとか、形が小さいと数が多いとかいったように現われ方もまちまちでございました。（中略）またこの斑点ができると、その人にとってはそれが同じく死の徴候でありました。

（ボッカチオ『デカメロン』野上素一訳・岩波文庫。読みやすさを考慮して一部漢字をかなに変えたりした）

ボッカチオばかりでなく、どのようなペストの記載にも必ず、まず身体各部に発生する腫脹《しゅちょう》のことが登場します。人々がいかにこの異様さに驚いたかが、わかるというものです。感染者はなんとかして、この腫脹を除去することを望んだといいます。ただ切開したところで腫脹は固く乾燥していて、漿液《しょうえき》のようなものはほとんど含まれていませんでした。

ですから、ただただ耐え忍ぶしかありません。その末に死んでいったのでした。しかもペストが襲うのは、まずは若者や壮健者だったといわれています。高齢者や基礎疾患のある者は意外に罹患が遅れたそうです。こういう疾病であるならば、恐怖の伝播《でんぱ》のためには絶大な効果を発揮することに疑問をさしはさむ余地がないことはおわかりいただけると思います。

ペストでも自粛派と反自粛派に分かれた

14世紀のペストの感染の世界的流行については、日本の著名な科学史家である村上陽一郎氏による『ペスト大流行』という書物が存在します。1983年に岩波新書の一冊として刊行されたもので、氏がまだ大学院在学中に研究した内容をもとに書かれていますが、今なお非常に有益な情報が満載のものです。

それによると14世紀当時、すでにペスト対策としては外部との接触を遮断するしかないことにかなりの人が気づいていたことがわかります。それは『デカメロン』のセッティングからも、うなずける話でしょう。そういう人々は、現代風に書くと自粛生活に入りました。ただし、みんながみんなそのような暮らしをする気になったかというと、そうではなかったようです。

すでにボッカチオが当時、ペストへの対応が二分されると書いています。多数を占めるのは、節制を尊び、何事も過度に走ることのないようにして慎ましい暮らしをする人々。しかし他方、どっちみちペストにかかるときはかかるし、かかったらかかったときのこととして、生きているうちにしたいことをしておこうと、欲望のおもむくままに享楽的に生きることを目指した人も少なくなかったとあります。

ペストに感染した場合の致死率は、いうまでもなく新型コロナウイルスの比ではありません。そんな危険極まりない疾病が流行しても、自粛しない人がけっこういたという事実に鑑みるとき、今回のコロナ禍のなかで自粛を浸透させることが、いかにむずかしいかがうかがえます。

『デカメロン』に登場する10人などは、さしずめ両者の折衷派といっていいでしょうか。

ちなみに余談になりますが、ボッカチオは『デカメロン』を書いた8年後に、シエナの聖職者に、著作が不謹慎だとなじられ、今まで書いたもので手元にあるものを全部焼き捨てることをいったん決心します。そして友人で著名な詩人であるペトラルカに止められ翻意するものの、『デカメロン』だけは焼いたと伝わっているそうです。

反自粛というのは、そのころも自粛派からは白い目で見られたことがうかがえるエピソードでしょう。

ペスト患者の隔離と鞭叩き

村上氏は、14世紀のペスト大流行の場合、発症の起源は中国であったのではないかと考察しています。そこから中東を経て、アフリカ、やがてジブラルタル海峡を越えてイベリア半島からヨーロッパ世界に上陸したというルートを想定しています。

当時のイベリア半島は、イスラム教徒の暮らす地域でした。今日でいうアラビア科学が勃興し、多くの優れた研究者を輩出していました。医学も、例外ではありません。むろん彼らがペストの謎の解明にいそしんだのも当然のことでした。

ペストが人から人へ、あるいは動物から人へ感染して拡大していくという事実は、当時すでに知識として共有されていました。イベリア半島の最南端のアルメリアに住むイブン・ハーティマーという科学者はその証拠として、サレという街では、ある富豪が食料を可能な限り買い集め、住民を一ヶ所に集め、壁をめぐらし、外界との交流を一切遮断したところ、まわりの人々はみんな死に絶えたのに、囲いのなかでは誰ひとり病気にかからなかったという事実をあげています。また対岸のアフリカでは、砂漠に暮らす狩猟民は外界と断絶した生活を営んでいるので、意外にペストの被害にあわないとも書いています。

そういうなかで、ペスト予防対策として隔離というアイデアが出てきたのは、当然といえば当然のことでした。

1374年、ついにイタリア北部の街レッジオで、ペストにかかった者は市街を離れ、原野の一ヶ所に集めよ、違反者は焼き殺せという公的命令がくだされます。これが体系立った隔離政策のはしりでした。以後、このやり方はあっという間に他地域に広がっていきました。

しかも拡大とともに、手法はエスカレートしました。たとえばペスト患者の出た家には、とびらに赤の塗料でバツ印を大きくつけるのが常態化しました。

非感染者のなかでも、自粛への意思が強い人々を中心として、自身の身体にひょっとして巣食っているかもしれない病原体を追い払うための、「鞭叩《むちたた》き」なるものが流行するようになっていきました。その語彙の通り、自分の身体を自分で鞭で叩くのです。さらに複数人で互いに鞭で叩くということも行われるようになっていきます。さらにエスカレートし、集団で誰彼なく叩きながら、行進するまでにいたりました。

こんなことを書くと、14世紀はなんと非科学的で、野蛮で、乱暴なことをしていたんだと呆れる人がいるかもしれません。

しかし現代日本でも、「水ごり」というようなことがけっこうふつうに行われています。水みそぎともいいます。寒中、裸同然で滝にうたれたり、海につかったりして身を清めるというのです。

とりわけ2020年冬から2021年初冬には、コロナ退散、悪疫退散のみそぎが各地でとり行われましたが、それらも同類に違いありません。このあと第9章で書きますが、日本の昨今のコロナへの対応は、14世紀ヨーロッパとそんなに変わらないのかもしれないのです。

虐殺へのエスカレート

かくして悪疫撲滅への情熱は歯止めを失っていきました。ペストにかかっているのにもかかわらず、隔離に同意しない者がいるのではないかという疑念に、人々は襲われるようになりました。

疑いの目が、市街地内の隔離地域、すなわちゲットーに向けられるのにはさほどの時間は要しませんでした。まずスイスのベルンで、ついでドイツのフライブルクでユダヤ人街が襲撃され、虐殺が行われました。

今日フランス領になっているドイツと国境を接するアルザス地方の、ベンフェルトという街の場合、悪疫流行の張本人はユダヤ人であるという告発があり、町民集会が開かれました。多数決でゲットーの破壊が議決され、家は焼かれ、住民は処刑され、ワイン樽につめられ、ライン河に流されたということです。

ついで近郊のストラスブールに飛び火し、約2000人が殺されました。ドイツ領のマインツでは、1万2000人以上のユダヤ人が死んだとされています。こういう事態はヨーロッパ各地に広がり、ゲットーは壊滅しました。

ひるがえって今の日本の状況を見るに、感染拡大の第3波以降、国民の自粛への情熱にかげりがあるということが、さかんに取り沙汰されるようになってきています。しかし過激なコロナハラスメントが起きる危険性を考えるならば、情熱を燃やすのも善し悪しであることを、過去の歴史は示唆してくれているのかもしれません。

第7章 自粛への同調圧力は存在するのか

日本人は集団主義という幻想

リスク回避ひいては自粛が、サブリミナルな回路によってなされるということは、回避や自粛を行っている当事者にとっても、どうして自分が回避ないし自粛をしようとするのか、その理由が自覚できていないということを意味しています。それにもかかわらず、当事者はいろいろ理由を述べたてるわけです。

ですがそれは、すべて「あとづけ」の理由にほかなりません。さらに反自粛の立場の人も、日本では多数派である自粛派について、どうしてあんなことをするのかを解釈するのですが、それも当然、恣《し》意《い》的なものにほかなりません。

ところが面白いことに、自粛派の自己説明や反自粛派の批判めいた自粛派への解釈を聞いてみると、実にみごとに同じ内容の説明をすることに気がつきます。いわく「日本人は集団主義的傾向が濃厚だから」、いわく「日本は同調圧力が強い社会風土だから」と、立場の違いを超えていうのです。

2020年2月以降に、コロナ感染のいわゆる第1波が襲来した際の日本政府の対応については、これまた後手に回ったという解釈で、おおむね意見が一致しているようです。緊急事態宣言の発出は遅きに失したし、子どもの登校を止めさせたのは、意味がなかったという。しかしそれにもかかわらず、大事にいたることなく第1波は収束した。どうして、大事にいたらなかったか。

強制されていないにもかかわらず、国民の大多数が自粛したから、ということになっています。ではどうして、自粛したのか？

強制されなくとも、お上が推奨することには日本人は唯々《いい》諾々《だくだく》と従う、そういう国民性だから、みんな右へならえをする、そういう集団主義の行動様式を基本行動原理としている国民だから。そして、周囲と違ったことをするとつまはじきにされる、そういう同調圧力の強い社会風土だから、というわけです。

この解釈については、自粛を肯定する人も、あんな自粛は不要であると否定的な人も、異論がないようなのです。

けれども、これは少し考えると実に奇妙な推測であることに気づくはずです。

ある人が自粛をしたとして、その理由は多岐にわたるのではないでしょうか。家に高齢者がいて感染させると困るから。あるいは子どもが受験を控えているから。基礎疾患をかかえているから等々。なるほど集団主義的傾向がないとはいえないでしょう。同調圧力もしかり。「自粛警察」なんて、その証でしょう。しかしどうして、日本だけが海外に比べて特異的に、集団主義的で同調圧力が高いといえるのか。その根拠は何なのか。

誰か海外のコロナ感染下の生活を見に行って、日本と比較したのでしょうか。そもそも海外渡航が実質的に不可能なのではなかったでしょうか。

集団主義とは、周囲に従って右へならえすることですけれども、今回はみんな外出の自粛を求められたわけです。要は「家でじっとしていろ」ということです。そうすると家でじっとしている周囲に従って、右へならえしたことになります。周囲が家でじっとしていると、個々の人はどのようにして認識することができたのかということになりませんか。明らかに矛盾が生じています。ひとりひとり、ばらばらでじっとしていることを、集団主義にもとづいている、あるいは同調しているというのは論理的に不可能なはずです。

より整合性をもって現実を説明する解釈とは、先の論とはまったく反対に日本人は反集団主義的で、みんながてんでんばらばらに行動する傾向にあるから、というものでしょう。だから、コロナと聞いて怯えたら、みんなてんでん勝手に家でじっとしていた、というものです。少なくともこれのほうが、論理がよっぽどシンプルです。

こんなことを書くからといって、私が日本人は反集団主義的であると信じていると思われるのは誤解です。私がいいたいのは、日本人の自粛傾向を説明するにあたって、巷間いわれているのと正反対の説明だって可能である、ということです。それにもかかわらず自粛派も反自粛派もそろいもそろって、判で押したように同じ説明をするのは、どうしてか。

集団主義日本というステレオタイプ

つまるところ、ある現象を解釈するにあたり、その現象が社会的なものであるならば、原因の帰属を社会的なステレオタイプに求めざるを得ない、そういう性がヒトには備わっているのだと考えられます。

ある現象を目《ま》の当たりにし、その原因が帰属できない、すなわち「わからない」状態

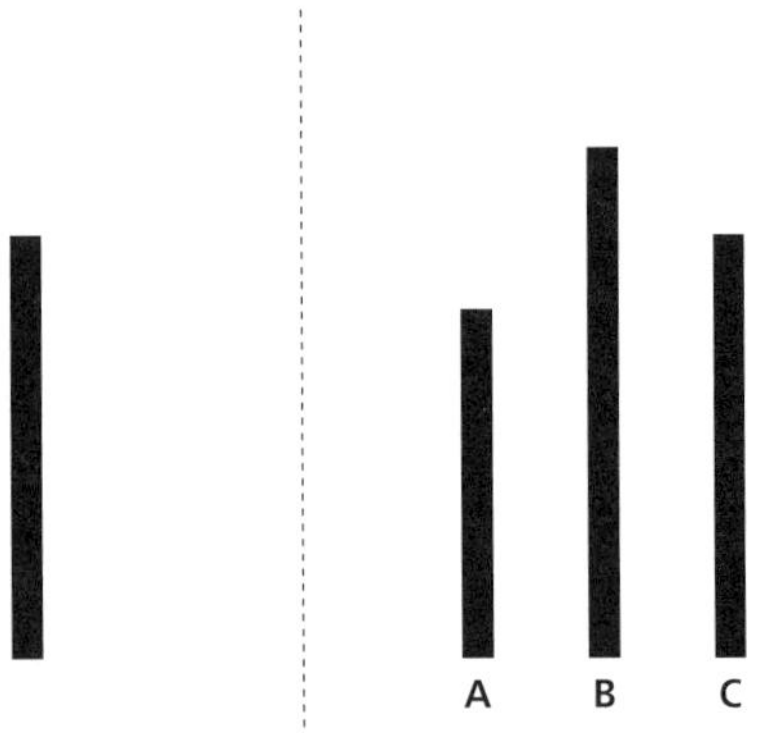

アッシュの実験で使われた線分刺激の一例。左の線分と同じ長さのものを、右から回答することが求められている。

でいることに、ヒトは耐えられないようにできている。なんとか説明をつけようとする。言語を所有している限り、そうしてしまう。元来、言語はそういうことのために進化したのかもしれません。

「こういう非常時になると同調性が高まり、集団主義的になる。やっぱり日本人って、こうなんだなあ」と、それに肯定的な人も批判的な人もおしなべて納得してしまい、それ以上は深く考えようとしない——そういう意味では、感情的に見える自粛派も、論理的に見える反自粛派も大差ありません。同じ穴のムジナであることが、よくわかるのです。

ちなみに社会的同調という現象を世界で最

初に実験で証明したのは、ジョン・アッシュというアメリカの社会心理学者でした。

彼の実験ではまず3本の長さの違う線分を被験者集団に見せます。つぎに1本だけ、前の3本のうち2番目に長かった線分を見せ、前の3本のどれと長さが等しいかを答えさせます。大変に簡単な課題で、ふつうは100％誰でも正答できるものです。

ところが「サクラ」の被験者に予め、わざと誤答させます。しかも8人とか続けざまにそれをさせる。すると「本当」の被験者も、誤答するようになることが判明したのでした。まさに同調圧力の実証です。

ただしアッシュがアメリカ人で行ったこの実験を、日本人を対象に行っても、アメリカ人よりも同調性が高い、つまりサクラに引きずられやすくなるとかそういう事実は一切報告されていないことを、付記しておきます。日本人がとくに集団主義的であることを支持する実証的な知見というのは、今日なお事実上ないのが現状です。

欧米人のほうが同調傾向が強い⁉

キノコ採りのイベントが主催されたと、想像してみましょう。

実際の採集では3人一組になって山に入ることになっています。応募者は、3人一組に振り分けられます。

ある組はひとりで応募してきた人を3人まとめて一組にしました。ですから当然、3人はこのときが初対面です。もう一方は、友人3人で一緒に応募してきたグループがあったので、その人たちでそのまま一組にしたと仮定します。よくある話でしょう。

それぞれ山に入りました。するとそこで向こうに黒い大きな影が動くのを目撃したとします。熊かもしれません。さてどうするでしょうか。

初対面の3人の場合、それぞれが一目散にちりぢりに逃げるのではないでしょうか。一方友人の組では、一瞬お互い顔を見合わせ、躊躇すると思われます。自分ひとり逃げるわけにはいかないでしょう。しかし、もしも黒い影が本当に熊だったならば、そうこうしているうちに襲われてしまうかもしれません。こんなときにお互いが何らかの情報交換をするというのは、非合理です。だがなまじ友人同士だと、そうしてしまいがちです。

黒い影をコロナに置き換えてみましょう。自粛派というのは、前者のような人々かもしれません。それではたして、こういう人々を集団主義的で同調傾向が高いといえるでしょうか。欧米で感染率が日本より高いのは、後者のような人々の比率が高いのが一因ではないでしょうか。だとすると、日本人よりも欧米人のほうが社会関係のしがらみに巻き込まれていることになります。

もっとも私は、今日の日本がとくに集団主義的でも同調圧力が強いわけでもないとはいえ、典型的な大衆社会である、とはいえるのではないかと思っています。

以下、日本は大衆社会である、とはどういうことか、説明していきましょう。

大衆社会での「みんなと同じ」という行動原理

もう一世紀近くも以前に、ヨーロッパで出版された『大衆の反逆』という書物があります。著者はスペインの思想家のオルテガ。彼の父親は高名なジャーナリストで、彼自身もまた自らの思想を体系的に構築するよりは、エッセイのような形でジャーナリズムに執筆することを好んだといわれています。

オルテガは、大衆人（mass-man）というものを定義しました。「みずからを、特別な理由によって——よいとも悪いとも——評価しようとせず、自分が『みんなと同じ』だと感ずることに、いっこうに苦痛を覚えず、他人と自分が同一であると感じてかえっていい気持ちになる、そのような人々」を指すことばです。

オルテガが変わりゆく世界に嘆息したこのころは、ヨーロッパで飛躍的な技術革新が起こった時代でした。無線電信の理論が構築され、電話そしてラジオが発明されました。新聞よりもいち早く、かつ広汎にニュースを報道することが可能となります。

カメラの原理も生み出され、動画が公開上映されるようにもなりました。エンターテインメント作品の数は限られているものの、ニュース映画は頻繁に製作されるようになっていきました。マスコミュニケーションの誕生です。その申し子こそ、大衆人（マス・マン）にほかならなかったわけです。ですから『鬼滅の刃』が人気だというと、猫も杓子《しゃくし》も『鬼滅の刃』という状況が生まれたりするのでしょう。

しかしオルテガの考える大衆社会での「みんなと同じ」という行動原理は、大衆人の存在そのものを脅かすことのない状況下でのみ通用する原則にほかなりません。いったん生命が危ういとなるや、正反対に他人のことはおかまいなしに自分の身だけの保全に走るのが大衆人。集団行動しているわけでも、同調するわけでもありません。そして大衆社会である限りにおいて、日本も欧米も同じ穴のムジナであるのです。

ただしアメリカの社会学者のリースマンはこういう特性を「孤独な群衆」と喝破しましたが、そこのところの受け止め方には文化差が認められるのは事実でしょう。英語でlonely crowd。アメリカ文化では、人がlonelyであるという表現は極めてネガティヴなニュアンスを含んでいます。lonelyな境遇にあるとは、好ましくないことを意味しています。

他方、日本ではひとりでいることがさほどネガティヴにとらえられることがありません。だから、「自粛生活をしろ」といわれてもそんなに苦痛ではないように見えます。苦痛ではないと書くと誇張かもしれませんが、少なくともそれが好ましくないという発想は、日本文化には欠落しているのではないでしょうか。

虚像としての「清貧の思想」

それどころか、ひとりでいることは辛く感じるかもしれないけれども、人間の暮らし方としては高尚であるとする思潮が歴然として存在します。「清貧の思想」という表現に集約される考え方が、それにあたります。

20世紀末のバブル真っ盛りだった1992年、同名の書物がベストセラーになりました。著者の中野孝次氏は同書『清貧の思想』のなかで、清貧を尊ぶ思想を「日本文化の精髄」だと断言しています。「それはみずからの思想と意思によって積極的に作り出した簡素の生の形態」を指します。

ここで主に紹介されるのは兼好と西行。とりわけ兼好が絶賛されています。「世俗的な名誉とか地位とか財産とかに心を労して、静かに生を楽しむ余裕もなく、一生をあくせく暮らすなどは実に愚かだとする」思想が、『徒然草』には書かれていると。さながら同書は、清貧思想のバイブルといった扱いです。

兼好が生きたのは13世紀から14世紀にかけてのこと、1352年に没しています。死後100年ほど経った15世紀なかごろから、『徒然草』は人気を博し出したといわれています。それ以後、連綿とベストセラーの地位にありますから、日本人の心の琴線に触れること大なのに違いありません。

そしてそのメインメッセージは、中野氏が主張するように、自粛は善。しかも兼好だって西行だって、ひとり暮らし。今日の日本人が兼好をどれだけ読んでいるかはわかりません。わかりませんが兼好をよしとする心の風土は継承している、と考えていいのではないかと思います。

もっとも最近の研究によれば、兼好という人物はそんな清貧の生活を実際に送った人ではなかったことが明らかになっています。武士で裕福だったらしい。吉田という姓も経歴も後世の捏造《ねつぞう》らしい。西行だって、同時代には超エリートだったわけです。だから日本人はずっと彼らの虚像におどらされてきたのかもしれないのです。それが「日本文化の精髄」など、大傑作なほら話といえなくもありません。日本文化のプロトタイプと信じてきたものが幻想だったのですから。

しかしつまるところ、ヒトはそういう幻想におどらされるサルとしてしか生きられないのだと私は考えています。

第8章 自粛思想のバイブルとしての『徒然草』

吉田兼好という虚像

兼好というのは、その著作である『徒然草』があまりに有名、かつ教科書などでおなじみのあの肖像画が流布している半面、実は人物像は極めて曖昧模糊《もこ》としているのです。日本人で『徒然草』の名前を聞いたことがないとか、文章を目にしたことがない人というのは、おそらくいないのではないでしょうか。すでに中学の国語の授業で登場しますから、遅くともそこで目にすることとなります。それではその際、著者たる兼好のことをどのように教わったでしょうか。おそらく、以下のようなものではなかったでしょうか。

京都の京大の裏にある吉田山に鎮座する、節分のお祭りで有名な吉田神社の神職の家系の者として生を享《う》けた。生年は推定、1283年とされています。ですから鎌倉末期の人ということになります。そして室町時代に入った1352年ごろに、70歳代で亡くなったといわれています。

家柄の関係もあって、若いころから御所に出入りして働いていたと伝わっています。

10代で時の帝、後二条天皇の蔵人《くろうど》に任ぜられたといわれています。今でいう、秘書官にあたります。

ところが10年もたたないうちに、帝は崩御してしまいます。するとそのあと政争が起こり、それに嫌けがさし、出家してしまいます。そして30代で、隠棲《いんせい》、都近郊や比叡山にうつりすむようになりました。

40代で『徒然草』を執筆。それ以降は古典を読んだり、歌を詠《よ》んだりして暮らした……。少なくとも私は、こんな風に習ってきました。ところが最近の研究によると、この経歴はまったくのでたらめに近いものであるというのです。

国文学者の小川剛生氏が2017年に出版した『兼好法師』(中公新書)によると、兼好が吉田神社の神職と血縁である証拠はどこにもないというのです。兼好の没後、100年あまりたったのち、吉田神道を創設する神道家の吉田兼倶《かねとも》(1435年生まれ)が、自らの出自を権威づけるために、でっちあげたものであることを考証しています。

小川氏によれば、兼好は鎌倉御家人である、金沢貞顕《かねさわさだあき》の被官をつとめていた武士であった可能性が濃厚であるといいます。幼少期を関東で過ごしました。やがて、あるじの職務の関係で上洛し、御所に出入りし始めます。そののち出家したのは事実に違いないものの、隠遁生活といっても「清貧の思想」とはほど遠く、フリーランスの交渉人（ネゴシエーター）のような立場で、鎌倉末期から南北朝時代という政治の変動期に、公武僧さまざまな人のもとに出入りし、フリーランスでなければ不可能な折衝を依頼されては、それをこなしていたのだろうと小川氏は推測しています。『徒然草』に集められている多くの断章は、そんな彼が日々発信したメモの集積であり、今ならさしずめブログかツイートをまとめたものといったところでしょうか。

実は裕福だった兼好

小川氏の研究によれば、晩年の兼好は歌を詠むことに情熱を傾け、なるほどそれなりにネームバリューを獲得してはいたけれども、子孫にも後継者にも恵まれなかったらしいのです。それゆえ死んだのちは、その名は急速に忘れ去られていったといいます。

そんな彼を過去から発掘したのが、吉田兼倶でした。「『徒然草』って、なかなか面白いよ」という調子だったのかもしれません。

1460年ごろになると都では、あれを読んだ、写した、手に入れたという情報が飛びかうようになっていったといいます。しかし死後100年が経過しているのだから、誰も著者を知らないわけです。「兼好って誰?」という風潮になったときに、再評価の旗ふり役であった吉田兼倶は、「いや、うちの親戚筋で」と都合のいい嘘《うそ》をばらまいたらしいというのです。

兼好法師
(狩野探幽筆、神奈川県立金沢文庫所蔵)

小川氏は著作を終えるにあたり、兼好の遁世《とんせい》はもてる能力を活かし、他方面に活躍するための「方便」のひとつであったと結論づけています。『遁世』とは、都市にすんで、十分な経済的基盤を確保し、戦争などの不測の事態にも生活は損なわれず、公武僧に幅広く交際し、新旧の権力者にも対応できる人脈をもつからこそ可能な生き方であった」。『清貧の思想』の描く世界とは、かなり食い違っています。

とにもかくにも、吉田兼倶のでっちあげの効果は絶大で、『徒然草』と著者の兼好の評判は右肩上がりで高まっていき、やがて応仁の乱を迎えることとなります。ともかくブログかツイートのコレクションであるから、つまみ読みできるわけで、読者は自分に共感できるところを拾い読みすればこと足ります。『徒然草』は兼好の世界に対する無常観を反映した作品として、その地位を確立していったのでした。

やがて江戸時代に入ると、書物が版木《はんぎ》で印刷されるようになります。すると爆発的人気を博すこととなっていきました。兼好一代記なるものも、いくつも出版され、図版も挿入されるようになると、例の肖像画のようなビジュアルのイメージともあいまって、今日の吉田兼好像が固定化するようになったらしいのです。

しかもブームは『徒然草』にとどまりませんでした。「隠者《いんじゃ》もの」とでもいうべきジャンルが確立していく。そして『方丈記』が再度、過去の古典から掘り起こされ、さらに良寛《りょうかん》作品の発見へと発展していったのでした。まさに「清貧の思想」を代表する作品群です。

「隠者もの」の先駆け

後世に描かれた肖像画を見る限り、兼好はいかにも隠者然としていますが、隠棲生活とはほど遠く、出家後も頻繁に社会に出て活動し、しかももっとも生ぐさい世界である政界に出入りしていたことが明らかとなってきました。

たとえば室町幕府がひらかれたのちは、幹部である高師直《こうのもろなお》と親交をあたためていたといいます。時の太政大臣に、来《きた》る新年の御所での沙汰初め（新年最初の訴訟審理）にはどんな服装で登庁すればいいのかを、師直に依頼されて尋ねたりしていたそうです。

幕府がひらかれたとなると、武士でも公家社会のしきたりを無視できなくなったのでしょう。幕府幹部とて、有職故実《ゆうそくこじつ》に反することをするのは許されるものではありません。かといって公式に誰かに問うわけにもいかない。こういう際のエージェントとして、フリーの立場にある兼好が重宝する人材として活躍しました。

兼好からすれば、こういう依頼をこなしていれば、尋ねたほうにもいい顔ができるというものです。ただし、金銭として授受するエージェント料はたいして期待できなかっただろうと思われます。しかし小川氏の研究によれば、兼好は土地を洛中洛外にいくつも購入していて、荘園《しょうえん》として活用、そこからの「あがり」で暮らしていたので経済的に困ることはなかったようだとのことです。

『徒然草』124段には、是法《ぜほう》法師という人物が登場します。

浄土宗《じやうどしゆう》に恥《は》ぢずといへども、学匠《がくしやう》を立《た》てず、たゞ、明暮《あけくれ》念仏して、安らかに世を過《す》ぐす有様《ありさま》、いとあらまほし。

（『新訂　徒然草』西尾実、安良岡康作校注・岩波文庫）

と、その生き方を理想とまでいい切っているのですが、是法は本当は土倉《どそう》つまり金貸しを大々的に営む敏腕金融業者であったそうです。おそらく兼好自身も、それに近い立場の人物だったと推定されています。

『徒然草』は、おおむね一事が万事こういう感じだと思ったほうがよさそうです。巷間伝わっている兼好像は虚飾に満ち、書かれていることもそうそう素直に受けとれないものであるにもかかわらず、日本人は室町期以降、もののみごとにそれにまるめ込まれてしまってきたのでした。

たとえば、『徒然草』144段は明恵上人《みようえしようにん》に関する逸話です。明恵は鳥獣戯画《ちようじゆうぎが》で有名な京都高山寺の高僧として、生前より今日にいたるまで知名度抜群であるものの、ここでは「馬を河で洗う男が、『あし、あし』といったのを明恵は梵字《ぼんじ》の『阿字』（大日如来を象徴する）と聞き違えて感動し、誰の馬かと尋ねて、『府生殿の御馬にて候』と答えれば、『こはめでたきことかな。阿字本不生（不生不滅の真理）にこそあなれ』と、ひとりで勝手に感動し法悦に浸っていた」というエピソードが戯画風に紹介されています。

高潔といわれている禅僧だって、こんなゴシップがあるんだよと、多分こういう話が読者にはすごく「うけ」てきたのでしょう。だが調べてみると、明恵は兼好が生まれる前にすでにみまかっていることがわかります。どこかから仕入れてきたネタを、まるで自分で体験したかのように書いているのです。

こういうのは、枚挙にいとまがありません。徳大寺《とくだいじ》右大臣の牛にまつわる逸話は、牛車の牛が勝手に邸内に入ったのを凶兆と人々が騒いで陰陽師《おんみようじ》を呼んだりしたけれども、徳大寺公ひとりは平然として動じなかったと、彼の合理的態度を賞賛するものです。だが小川氏によれば、同じ記述が兼好の生まれる前に出た文書に記述されているといいます。

『徒然草』になぜ人は共感したのか

好意的に解釈するならば、『徒然草』は「リツイート」もオリジナルもミックスされたコレクションということになるのかもしれません。むろん、それだからといって兼好を非難するいわれはありません。また虚像の吉田兼好について、それをでっちあげた吉田兼倶をとやかくいうことも、意味のないことでしょう。

むしろ注目すべきであるのは、世俗を離脱した赤貧《せきひん》の隠遁生活者が、斜に構えたシニカルな目で世事をながめて、野次馬的に書いたコメントに、とりわけ皇室公家宗教界といったセレブな業界に関して、少なくとも室町期以降の日本人の琴線にふれるものが多々あったという事実にほかならないのではないでしょうか。

江戸時代も19世紀に突入したころ、『世事見聞録』という一種の評論書が出版され、評判を呼びました。著者は武陽隠士《ぶよういんし》となっているが、真偽は不明です。インフレが進み、に相次ぐ飢饉《ききん》と物価高騰のなかで儒教的立場から社会全般を論評しており、指摘が非常に正確で、当時を知る資料として、信頼性の高さには定評がある書物なのですが、そのなかに当時、生活に窮すると他所へ出稼ぎに向かうか、「迴国《かいこく》」に出るしかない、と書かれています。「迴国」とは今日でいう巡礼・お遍路のことを指しています。

西国巡礼や四国巡礼が有名なのは周知の通りです。「迴国」の特徴はめぐる聖地が予め決められていること、そこへいたる経路も定められている点にあります。逆にいうとそれまでは、生活がにっちもさっちも行かなくなると放浪に出るという選択肢が、残されていたことがわかります。映画『男はつらいよ』の、寅さんみたいなライフスタイルかもしれません。しかし、もう勝手気ままな放浪は許容されない、いわば世知辛い時代が来たのでした。

生活が経済的にせよ何にせよ、行きづまったとしても、パッケージ化した漂泊しかできないまでに、社会に逃げ場がなくなってしまったことが示唆される記述といえましょう。そういう息苦しさのなかで、ずいぶん昔のことであるものの、都の郊外に暮らした隠者の随筆とかが人気を博すというのは、とても興味深い社会の風潮であると私には思えてならないのです。

とりわけ、虚像としての吉田兼好、さらに鴨長明《かものちょうめい》が人々を魅了したのは、ふたりとも生粋《きっすい》の都人、つまり都会人だった点にあるでしょう。彼らが生きたころは、なそうと思えば都から逃走することも可能でした。

しかしふたりは、あえてそうはしませんでした。周囲に違和感を覚えても、生まれ育った都から遠く離れるふんぎりは、つかないのです。近くでうろうろするしかありません。けれど周囲の連中とまじわろうとはしません。そういうスタンスへの共感の姿勢が江戸期後半の多くの庶民の間に広汎に流布していたし、それは今も変わらないのではないだろうかと思うのです。

感染症は繰り返し襲来していた

今回のコロナ禍を評して、人類にとって未曽有《みぞう》の厄病襲来と書かれているのを目にします。けれども、それは極めて怪しいと私は思っています。こと日本に関するならば、中国経由でのこういう災厄は過去繰り返し起こっていたのではないでしょうか。

たとえば、左大臣洞院公賢《とういんきんかた》の日記『園太暦《えんたいりゃく》』には康永《こうえい》4年（1345年）9月22日の欄に、都で咳病《がいびょう》が大流行していること、時の光厳《こうごん》上皇もかかったこと、世上では中国からの貿易船が病を運んできたという噂が広まっていることが記載されています。おかげで翌月には貞和《じょうわ》に改元されてしまいました。まさに兼好が生きた時代のことです。

その兼好は『徒然草』123段で、次のように書きます。

思ふべし、人の身に止《や》むことを得《え》ずして営《いとな》む所、第一に食ふ物、第二に着る物、第三に居《ゐ》る所なり。人間《にんげん》の大事《だいじ》、この三《み》つには過ぎず。饑《う》ゑず、寒《さむ》からず、風雨《ふうう》に侵《をか》されずして、閑《しづ》かに過《す》ぐすを楽《たの》しびとす。たゞし、人皆病《ひとみなやまひ》あり。病に冒《をか》されぬれば、その愁忍《うれへしの》び難《がた》し。医療を忘るべからず。薬を加《くは》へて、四《よ》つの事、求め得ざるを貧《まづ》しとす。この四《よ》つ、欠けざるを富《と》めりとす。この四《よ》つの外《ほか》を求め営《いとな》むを奢《おご》りとす。四つの事倹約《けんやく》ならば、誰《たれ》の人か足《た》らずとせん。

（前掲書）

ここで兼好のいう倹約とは、慎ましいながら足りているということを指します。それらが最低限足りていれば、もう「富めりとす」と考えてかまわないと書いているわけです。だから病に気をつけないとね、というメッセージが込められていると解釈していいでしょう。

そしてさらに続けて、春夏秋冬という季節のうつろいの規則正しさに対比させ、人々が死を怖れるのは、それが四季のようには順序立って流行ってこないからだと考察しています。

いわく『徒然草』155段には、次のように書かれています。

四季は、なほ、定《さだ》まれる序《ついで》あり。死期《しご》は序《ついで》を待たず。死は、前よりしも来《きた》らず、かねて後《うしろ》に迫《せま》れり。人皆死《し》ある事を知りて、待つことしかも急《きふ》ならざるに、覚《おぼ》えずして来《きた》る。

（前掲書）

死は、人が視認している前方から来ずに、背後から急に襲う。だから怖いのだと説いているのです。

14世紀の日本では平均寿命は今日よりはるかに短く、疫病は蔓延し、誰もがある日突然、それに襲われ、命を落とす恐怖のもとで生活していました。

そのころ、日本と中国との往来はかなり頻繁でした。船が着くとどうも、おかしな流行り病が出だすと、みんながうすうす感じていました。ですから、これと同様の事件も繰り返し起きたと考えるほうが自然でしょう。しかも人々は現代と同じように、自粛したほうがいい、いやその必要はないと侃々《かんかん》諤々《がくがく》議論したのかもしれません。そう考えると、『徒然草』という書物が人気を博した事情も納得できそうな気がしないでしょうか。

今も昔も日本人は自粛に頼った

しかも、こういう状況は室町期以降、延々と続いたと考えられます。江戸期に入ると鎖国政策が実行されるようになります。ですから、もう海外から未知の感染症が侵入してくる怖れは消え去りました。けれどもまた別のリスクが登場します。麻疹の流行です。

これは以前では考えられない、流行り病でした。背景には、尋常でない都市部での人口密度の増大があります。戦争がなくなり出生率が上昇、しかも戦病死がなくなったうえに、都市部への周辺地域からの人口流入が生じました。

とくに幕府の置かれた江戸は当時、世界的にもロンドンと肩を並べるまでに膨張していたわけです。しかも町民の暮らす住宅事情といえば、それは貧相なままでありました。いわゆる3密の状態にあったわけです。そこを麻疹ウイルスが襲います。この病原体は今なお、知られているウイルスのなかで、もっとも感染力が強いものであることが知られています。

流行は江戸時代、約260年を通じて、20年から30年置きにコンスタントに起きたことがわかっています。計14回であったともいわれています。発症した場合の致死率は、10%を上回ったという研究もあります。文久《ぶんきゅう》2年（1862年）の流行の際には、『藤岡屋日記』という資料によれば、死者は6月から8月までの間だけで、江戸で1万4000人余りにのぼったとあります。

むろん街は、大パニックに陥りました。病によくないものをリストアップした、マニュアルみたいな出版物が売り出され、飛ぶように売れたといいます。麻疹禁忌と呼ばれたそうです。

例をあげると、セックス、髪結い、入浴、音曲《おんぎょく》、飲酒、等々。食べてはいけない品目としては、そば、うなぎ、脂っ気のある料理、野菜類が含まれていました。

そういうわけで遊郭、髪結いどこ、銭湯、あとは食べ物屋で、うなぎ、そば、てんぷら、寿司を出す店舗、屋台は行政に休業を迫られたといいます。営業自粛です。失業者が大量に出ますから、経済的に大不況になりました。

一方で、柊《ひいらぎ》の葉や金柑《きんかん》、南天《なんてん》の実は病によいと、市販の麻疹養生書には書かれていたそうです。そういう書物や魔除け札を手に入れようと行列をつくったのはもちろんのこと、当の柊の葉なども商品が瞬く間に払底、価格が高騰したりして大騒動になったのは、今とまったく変わりません。麻疹特需で儲けた金のことを「はしか銭」と呼んだともいわれています。

もちろんウイルス感染なんて、誰も夢想だにできないわけですから効果があるはずもなく、結局のところ、家に籠って清潔を保ちじっとしているのが最良の策であるわけです。そうして心をしずめてくれるのは、『徒然草』にまさるものなし、というところに落ち着いたのだと想像されます。

コロナによる感染症をめぐる混乱は、人類にとっても日本人にとっても今に始まった事態ではありません。それどころか数十年に一度は、必ず定期的に襲来すると思ったほうがいい出来事なのです。それを未曾有のように感じるのは、自分に都合の悪いことはおしなべて忘却の彼方へ追いやる性みたいなものが、人類に備わっているからなのです。そして、「未曾有」と感じる事態が到来するや、繰り返し自粛すべきか否か、侃々諤々議論しているのです。

その際、「ほら兼好法師もいってるじゃないか、自粛したってかまわないんだよ」と正当化できる根拠に『徒然草』が使われました。反自粛派というのは、室町時代も江戸時代も兼好嫌いだったのかもしれません。時代は進んでも、意外に人間の行いは変わっていないことがわかります。それはサルとしての宿命みたいなものを背負って、生きているからなのかもしれません。

第9章　どうして日本ではロックダウンができないのか

法規制のない日本には自粛という手段しかない

２０２０年11月に始まったコロナ感染のいわゆる第３波では、感染者数は予想を超えて増え続けました。とりわけ東京都と周辺の都市圏で、それが顕著となり、大晦日《おおみそか》には東京都の一日の感染者数がついに１０００人を超え、１３００人あまりという数に達し、戦慄が走りました。しかしそれでも翌日の２０２１年元旦には、都心ではけっこうな人出が見られたのです。

自治体の首長が集まり、もう緊急事態宣言を政府に発出してもらうしかないということで、合意しました。緊急事態宣言は最後の切り札という点では、発出することに賛成する側も賛成しない側も、見解が一致していました。それはヨーロッパのように外出そのものを法律で規制し、破ったならば罰則を科するということが、日本ではできない仕組みになっているからです。

自粛という表現にいみじくも集約されているごとく、本人たちの自主性に委《ゆだ》ねることに予防対策は依存しており、ヨーロッパのように店舗の休業を強制するようには、日本の法律は従来、整備されてこなかったのです。要請に応じず、休業しなかったとしても罰せられない状況が、ずっと続いてきました。

それで、これではまずいのではないかということになり、にわかに新型コロナ感染への対策として新型インフルエンザ等対策特別措置法を改正するということになった次第です。けれどもそれでも所詮、手直し程度ですから、たとえば欧米のように、都市そのものをロックダウンするといったことは、日本では当面できません。

ヨーロッパの都市は古来、それ自体が国家だった

この相違には、日本とヨーロッパでの都市が形成されてきた歴史的経緯の違いが、集約・反映されています。それはたとえば、日本が世界に誇る観光都市の京都とドイツのフランクフルト（正式にはフランクフルト・アム・マイン）を比べてみれば明らかです。フランクフルトでなくてもかまいません。ロマンチック街道と呼ばれ、日本人観光客に人気の街のどこをとってもかまいません。訪れてみると、どこも高い石の城壁で囲まれていることに気づくはずです。旧市街と呼ばれる、観光客が訪ねていく先の古い街並

みは、そのなかにすっぽりと入っています。訪問するには、まず城壁に設けられた門をくぐることでしょう。都市ひとつひとつが、完全に防備体制を整えた国であることに思いあたることでしょう。

そもそもローテンブルグとかヴュルツブルグといった都市名の後ろにあるブルグとは、城のこと、正確には「城壁で囲まれている」ことを表わしています。

フランスのストラスブールやシェルブールのブールは、そのフランス語表記にすぎません。古代ローマ時代以来、ヨーロッパではこういう都市ごとに独立し、自律機能を備え、かつ互いに切磋琢磨《せっさたくま》しながら時代を積み重ねてきたのでした。文字通り切磋琢磨で、互いに争いを繰り広げながら、やってきました。そして、そのブール内に暮らす人々がブールジョワ、すなわち人権を付与された「市民」にほかなりません。

一都市は、一国家だったわけです。それぞれの都市には、それぞれ独自の文化があります。ヴュルツブルグに行くと、ヴュルツブルグにしかない独特のソーセージを食べ、ヴュルツブルグだけのフランケンワインという、ボトルそのものが独特のワインを飲みます。しかもフランケンワインが美味だからといって、周辺の他の都市が真似ることはありません。対抗意識を燃やすことはあっても、ヴュルツブルグ名物を出す店が他の都市にできるとかは想像できません。

都市と都市の争いは、すなわち戦争でした。争いに完全に破れることは、すなわち戦争で敗北し、国を失うことを意味していました。一方、京都はというと千年の都といわれるものの、ヨーロッパ都市とはまるっきり趣きを異にしています。そもそもヨーロッパで見られるような城壁がありません。

古くから「守るに難く、攻めるに易い」ところとして知られてきました。現に室町時代は、足利幕府方と反幕府勢力が幾度となく、街を占領したり占領されたりを繰り返しました。ヨーロッパの発想では、都を乗っ取られることはすなわち完全敗北です。

だが、そんな考えは当時の日本人には、からっきし浮かびませんでした。幕末においても、徳川幕府は京に長州藩の侵入を簡単に許しますし、鳥羽伏見の戦いの前には薩摩藩に占拠されています。都を取る取らないは、ヨーロッパほど戦局とあまり関係がないことがよくわかります。

ヨーロッパのロックダウンの実態

ヨーロッパでの争い（戦争）では、都市が陥落することは徹底的な破壊と殺戮《さつりく》と略奪が行われることを意味します。物資が根こそぎ奪い去られるのはもちろんのこと、住民も略奪の対象になって、人身売買が行われました。南北朝の争乱で、足利尊氏が京に攻め上がってきたから、後醍醐天皇側がとりあえず退避して、比叡山にあがり、機を見て反撃して都を取り返す……というようなことは起こり得なかったのでした。

都市の中心部の核をなしたのは、武器庫でした。ハウプト・ヴァッフェ（Hauptwaffe）といいました。フランクフルトでは今はカフェになっています。私がミュンヘンに住んでいて訪ねていった40年あまり前には、なんと日本の洋菓子メーカーのユーハイムが経営していました。それはともかく、武器ほど市民にとって大切なものはないことがよくわかります。

城壁のなかに暮らす市民の住居は、むろん城壁内に設けられていました。けれども観光してみたらわかるように旧市街は石畳でおおわれています。日々の食料であるパンの原料の麦や、牧畜で生産される肉や、あるいは野菜などの生鮮食材は城壁外から調達されることになるのは当然のこと。多くの住民は、日常的に門を出て城壁外で日々の生活にいそしんでいました。

そういうなかでも、他所からの侵入への警戒は怠りません。城壁の上には、つねに多くの見張り（歩哨《ほしょう》）を置くことを忘れませんでした。そしてあるとき、その見張りのひとりが地平線の彼方に土ぼこりがたつのを認めたりするわけです。

土ぼこりは、馬が集団でこちらへ駆けてくる徴候です。周辺の都市のどこかが、攻め寄せてくることを示しています。このようにして都市間で攻めていったり、あるいは攻められたりということを頻繁に彼らは繰り返して暮らしていました。

むろん、攻められた際の手順は周到に整えられていました。まず何はともあれ、見張りが仲間にそのことを知らせなくてはなりません。のろしをあげるのが、通例でした。日中ですと、城壁の外に出て農作業をしていたり、放牧に従事していたりするわけです。けれども、のろしを見ると取るものもとりあえず、城壁のなかへ駆け込む手はずになっていました。そして武器を取り、予め申し合わせた配置で、敵を迎え討つ態勢に入るわけです。

敵は騎馬でやってきます。城壁の外にいる者は、敵よりも早く城壁内に駆け込むことが至上命令となります。おそらく必死で守りについたと想像されます。そして敵の先陣が到達する前に、城壁の門を閉じるわけです。

都市そのものが一個の独立した国家なのですから、門を閉じて戦う側にどこか外から援軍が来てくれる可能性はありません。各都市は自助努力によって、難局を打破するしかありませんでした。むろん陥落すれば、身の破滅が待っているだけです。ですから必死で籠城し、敵を追い返す算段を繰り広げざるを得ませんでした。

これが、ロックダウンの実態にほかなりません。

コロナの感染拡大もつまるところ、ヨーロッパ世界では、病原体をもった他所者の「襲来」とたとえられるのでしょう。かつては槍《やり》や剣をもち、馬に乗って攻め寄せてきたのが、ウイルスと鉄道・飛行機・自動車に置き換わったものの、本質は変わっていません。

都市が外部からの危険にさらされたならば、外部との往来を一切締め出すという方策を取るのは、千年を超える伝統なのです。一方、EUの思想である、ひとつのヨーロッパなどという発想は、たかだか半世紀あまりの歴史しかもっていません。

かたや日本はというと、こういうことは一切してきませんでした。応仁の乱のころには、都である京の街のなかで何十年にもわたり、西陣だなんだといって市街戦を行っていたぐらいですから。

戦わざる者に人権はない

応仁の乱などは、本当にヨーロッパの市民からすれば理解しがたい争乱ではないかと思われます。そもそも京の街では、住民が暮らしを営んでいるわけです。それと同じ空間が戦場と化していて、細川方と山名方の兵士が殺し合いを展開している。それで激化すると、住民の家まで勝手に焼いたりするのです。

ヨーロッパの戦争では原則、市民の資格を与えられた都市住民は、自分の暮らす都市が戦争状態に突入すると、すべて兵士として戦闘に加わることになりました。自分はいやだといって戦闘に参加しないということは、決して許されることではなかったのです。

もしも兵士になることを拒んだとしたら、その人物は市民としての資格を剝奪《はくだつ》されたことでしょう。つまり求められたときに戦うことを承諾する前提で、個人の人権は保証されていました。しかも、今もこの伝統は息づいています。

ですからロックダウンし、感染拡大防止のためのさまざまな規制が行政によって課せられたとき、それを守らないならば、厳しく罰することが認められる根拠が、歴然と存在するのです。人権は無条件に尊重されるのではありません。

日本では先述の特別措置法を改正して、従わない者への罰則規定を導入するにあたり、人権問題とのかねあいをどうするかということが問題になりました。しかしこういう議論は、ヨーロッパでは行う余地すら与えられていません。

もちろん今日では、向こうでもロックダウンに反対する人々が少なからずいますし、そういう人々が大晦日から新年にかけて大規模なパーティーを開いて、大騒ぎしたりして話題になります。けれども、彼らが基本的に犯罪者とみなされることには、異議を唱える人は少ないでしょう。警察は暴動と同じ扱いをします。もし、日本で同じようなことが起き、犯罪者扱いがなされたりすれば、そう扱った側が非難されるのではないでしょうか。

戦争としてのコロナ禍、災厄としてのコロナ禍

ヨーロッパ世界では、コロナ禍は戦争状態ととらえられています。これに対し日本はどうかというと、すでに『徒然草』に関連してふれたように、あくまで災厄であるわけです。不幸な出来事が、予期せずふりかかってきたと認識されているのです。それだからこそ、アマビエがもてはやされたりすることとなります。

今日市中に出回っているアマビエのキャラクターはすべて、京都大学附属図書館所蔵の弘化《こうか》3年（1846年）に刊行された木版画を、下敷きにしたもののようです。瓦版に類する刷り物で、肥後国で夜ごと海に光り物が出没するという報に役人が出向いたところ、アマビエなる者が現われ、これからは豊作が続くが、疫病も流行るから、退散のためには人々に自分の姿を描いて見せよといって、海中へ帰っていったというエピソード付きで人気を博しました。

それが270年あまりの歳月を経て、リバイバルしたという次第。2020年2月に妖怪掛け軸の専門店がツイートしたところ、あっという間に拡散しました。これで自分

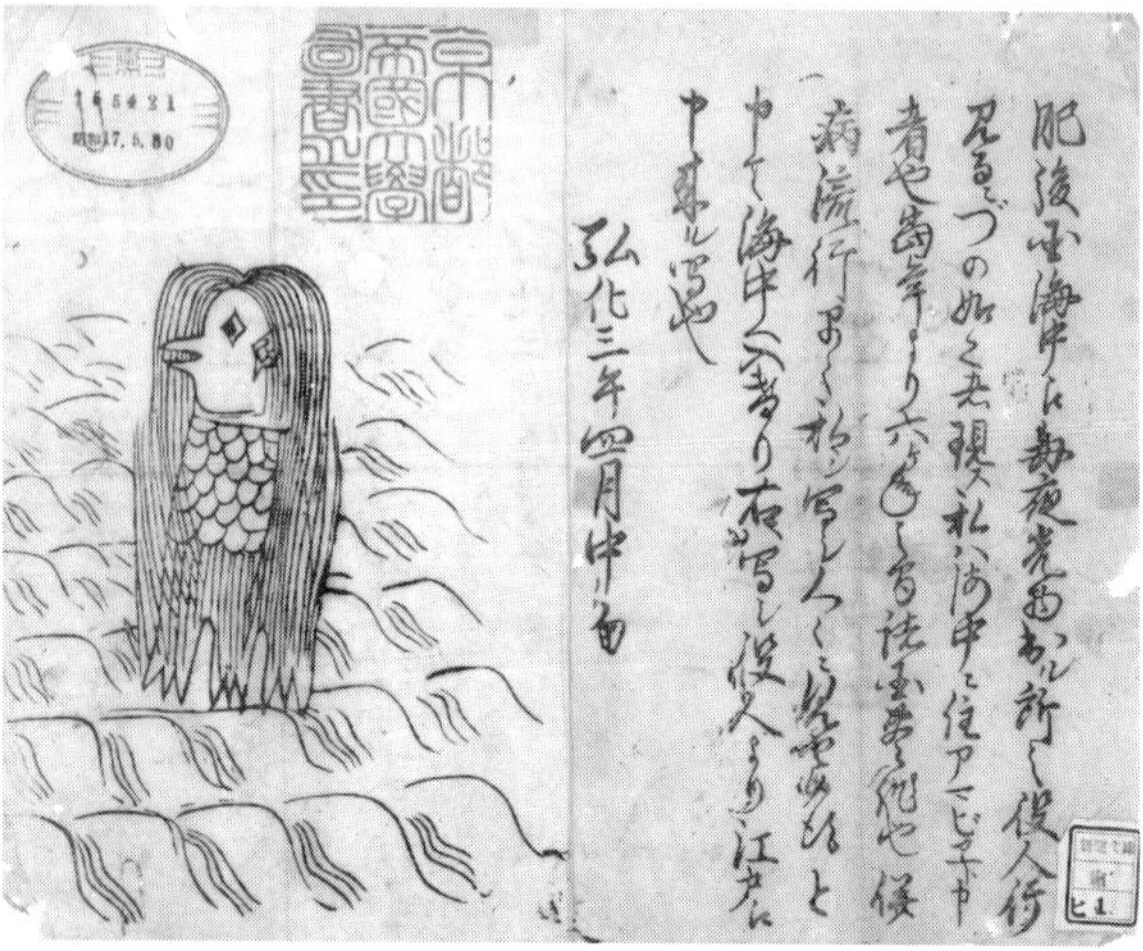

『肥後国海中の怪（アマビエの図）』（京都大学附属図書館所蔵）

にふりかかってくるコロナ禍なる厄をはらおうと、みんなが飛びつきました。

コロナウイルスに感染するか否かは運不運、と多くの日本人が認識していることがよくわかるでしょう。燃え盛る火から、火の粉がふりかかってくるようなものと考えています。感染する、しないは自分の力の及ばぬところで決定されるという受け身の姿勢で、日常生活を送っていると表現しても決して誇張ではありません。運命は天のみぞ知るという感じです。

西洋中世史家で２００６年に没した阿部謹也氏は、現代日本人に今なお生きるこういう思考を、呪術的な色彩が濃厚な「ケガレ」意識と評しました。

そして、それは貞永元年《じょうえい》（1232年）に制定された武家社会初の成文化された法令である、御成敗式目《ごせいばいしきもく》にさかのぼるものであると主張しています。後世、貞永式目とも呼ばれるものです。それ以前の鎌倉幕府統治下の生活では、武家にかかわる裁判はすべて、慣例や前例にもとづいてなされてきたのを、貞永期に入ってようやく体系化したのが、この式目にほかなりません。

阿部氏は、式目に追加の条として付記された参籠起請《さんろうきしょう》の項に注目しました。参籠とは文字通り、お籠りをすることを指しています。

参籠起請とは、争いごとが起きて決着がつかないとき、それぞれが自分は偽りの申し立てをしていない旨の起請文をしたためます。そのうえで14日間、神社に参籠するのです。そしてその間に、以下のような9つの「失」、つまり不都合があると、その者の申し立ては偽りとみなされるというものなのです。その失を現代語訳してみると、

一　鼻血を出すこと

一　起請文を書いたあと、病気になること
一　カラスなどに尿をかけられること
一　ネズミに衣服をかじられること
一　下血すること（ただし痔《じ》によるものおよび楊枝《ようじ》で歯から出た場合はのぞく）
一　近親に死人が出ること
一　父子に罪人が出ること
一　飲食の際にむせること
一　自分の乗る馬が倒れること

こういうことが起きると、当事者はケガレているとみなされても仕方がないと、当時は考えられていました。

なるほどなかには、今日からすると荒唐無稽な項目も含まれています。しかし、近親者を亡くすと、日本人は、つぎの新年は年賀状を出すことをいまだに控えます。その代わりに年末に喪中はがきを出します。父子に犯罪者が出たがために、もう今までのところに住めなくなったという話もよく耳にすることでしょう。

　そして病にかかることも、本人の失なのです。病にかかる、かからぬは天のみぞ知ることで、かかったとしたら、それはかかった者がケガレていた証と考えるほかない、というのです。しかも、こういう発想は日本人に脈々と受け継がれています。そうでないと、こんなにアマビエがもてはやされる理由の説明がつかないでしょう。

自粛派も反自粛派も呪術的な思考に陥っている

　阿部氏は、御成敗式目が制定された13世紀以前を考えた際、呪術的な思考が日常の生活様式に浸透していた点については、日本もヨーロッパも大差なかっただろうと推測しています。

　しかしながら武家初の法令を成文化するにあたって、鎌倉幕府は従来の価値体系を無条件に取り込んだのに対し、ヨーロッパはまったく違う方向へと、舵を切ったというのです。それゆえ鎌倉時代以降の度重なる疫病流行にあたり、日本人は基本的に参籠に近い生活様式で、その流行が過ぎ去るのをかたずをのんで見守ってきたのでした。

他方、ヨーロッパ世界は聖俗分離ということを志向しました。俗界の出来事については、神（天）の判断を仰ぐ、つまり神判を仰ぐということをしないと決めたのです。人と人との間の事案は、人と人とで解決する、宗教の出番はありませんよ、としたのだと阿部氏は考えました。

かたや日本では、室町幕府になっても江戸幕府になっても、それどころか明治維新を経ても、こういう発想は生まれませんでした。もしあえてひとりだけ、聖俗分離を考えた日本人をあげるとするならば、織田信長かもしれません。比叡山ほか多くの寺院を焼き払い、宗教勢力との決別を目指したのですから。しかし、明智光秀に殺され、彼の構想はあえなく頓挫《とんざ》しました。それゆえ今日なお日本ではたとえば何か人事を決めるとき、決めあぐねると、あみだくじを引いて決定したりします。あんなことはヨーロッパではあり得ないと、阿部氏は書いています。

むろん感染症の流行も、俗界の出来事にすぎません。ですから神頼みにすることは、想像だにできません。反対に日本人には、ヨーロッパのようにみんなが一致して人力のみで病に打ち勝とうとすることなど、夢想だにできないかもしれません。

テレビを見ていると、もっと自粛を推進すべきという考えの人たちと、いや自粛もほどほどにという人たちが、侃々諤々やっています。だがアマビエがもてはやされることに関しては、不思議なほど異論が出ません。欧米の人からすれば、あれほど滑稽《こっけい》というか理解不能な習俗はないと思うし、またあれでコロナ退散などといい出したならば、その人の神経が疑われることは間違いないと思われます。

2020年末、日本の首相がコロナ対策として国民に繰り返し呼びかけたのは、マスク・手洗い・外出を控えることの3点でした。これしかいわなかったといっても過言ではありません。つまるところ、「家でじっとしてろ」というのは、参籠という日本古来の感染対策を踏襲したことになります。そうしないとケガレてしまうから――自粛派も反自粛派も、コロナ禍をとらえる考え方のおおもとに今なお呪術的バックグラウンドがある点では、まったく変わりはないのです。

余談になりますが、参籠を国民に呼びかけている首相は2020年から1年、いったん延期された東京オリンピック・パラリンピックの開催について、2021年当初までことあるごとに東日本大震災からの復興に加え、新型コロナに打ち勝ったことの象徴としての実現を強調していました。

けれども先述のように、疫病は退散するものであるとする自国民にとっては、打ち勝つという表現は心に響くものがないのです。むろん海外向けには、別の話ですが……。

自粛派と反自粛派は共感し合えるのか

2020年初頭に始まったコロナ禍を通して判明したことのひとつは、感染拡大に際し、世の中は自粛に励む人々とあまり自粛に熱心にならない人々の2タイプから構成されているということ。なぜそのように分かれてしまうのか、その理由をこの本では書いてきたつもりです。

自粛派とは要するにコロナに恐怖を覚える人、反自粛派とは恐怖を感じない人であると書いてもかまわないでしょう。そして双方の間にある心の溝は、想像以上に深いのかもしれません。

というのも、恐怖を感じる感じないは理屈ではないからです。怖いものは怖い。怖くないものは怖くない。怖くないものを、いくら危険だからと口を酸っぱくして説明しても怖くならないということを、ここまでで書いてきたつもりです。

自粛派に属する人々と、反自粛派の人々とでは、嫌悪や恐怖に関する情報の脳内での処理の仕方が異なっていることは、すでに書きました。情報を情動的に扱うのか、あるいは理屈で理解しようとするのかで、両者の相違は生まれてきます。

理屈で理解しようとする手法には、あまた存在する動物のなかでヒトのみ進化した、脳のもっとも外側にある大脳新皮質が大きく関与しています。この組織が情動をコントロールすることで、嫌悪や恐怖が抑制されているのです。大人数での宴会はするなといわれていても、「付き合い」を重視して出席したり、はては二次会で感染の確率が高いといわれているカラオケに行くのまで可能にしてしまうことになります。どうして知性のある人が、といぶかしく感じるかもしれませんが、ヒトをヒトたらしめている脳機能こそが、反自粛の態度を生み出しています。人間性が動物性に打ち勝っている人々が、反自粛派を構成していると表現できなくもないでしょう。ちなみに年齢的には、20代のころに、大脳新皮質は活動がもっとも活発になり情動を抑制しますから、反自粛傾向は顕著になります。

しかし同時に、感情的な経験が人間の生活において極めて重要な要素であるのは、改めて指摘するまでもありません。そもそも喜んだり感動したりすることなしに、人間に生きていく価値があるのかすら怪しいでしょう。自粛派は、そういう感性に優れた人々によって構成されているのです。

地球上に猿人と呼ばれる生物が出現したのは、数百万年も前のことでした。現在では、かつておびただしい数の猿人がこの世に生息していたことが明らかになっています。それにもかかわらずホモ・サピエンスの祖先のみが今日まで生き残りました。生存を可能にした主たる理由のひとつは、個体の多様性にあったと考えられています。

ものの考え方や感じ方の個体変異（バリエーション）が、豊富であったからというのです。昨今、コロナで話題のあの変異です。いわゆる変異株が旧来のタイプにとって代わり、猛威を振るっているように人類の祖先もまた、いろんなタイプの個体がいたからこそその時々の環境の変化などについていけたというのです。その端的な例を、私たちはコロナ感染拡大への対応が自粛派と反自粛派に分かれる現象に見ているのでしょう。

ただし、こう解釈したからといって、両者がおいそれと歩み寄れるものではないのもまた、事実です。それどころか双方が互いに立場の異なる相手の心情を思いやるのは、至難の業でしょう。

最近、他者の心情理解の手段として、共感ということをやたら耳にするようになりました。他人が辛い思いや、悲しい思いをしているのに接すると、接する側も辛くなったり悲しくなったりするという心理のことです。この心の働きに従えば、人間は利己心を捨て、他人のために犠牲を払うという崇高な行為が可能になるという主張がなされています。

これはいかにも、すばらしいことのように思えますが、落とし穴があります。なるほど私たちは、親しい者に対してはこの共感機能を使えます。けれども親しくない者には、親しい者に対するのと温度差ができてしまうのです。ですから自粛派の人と反自粛派の人が共感し合うのは非常に困難なことに違いありません。

自粛派の誰かの知人が、コロナに感染したと仮定します。そして知人も自粛派だったとしましょう。すると、その不幸に限りなく共感するでしょう。逆に、知人が反自粛派だったとします。それ見たことかという思いが、心の隅に浮かぶかもしれません。反自粛派の誰かの知人が感染しても同じです。知人が自粛派だったならば、なんのために自粛してたんだ、という思いにかられる可能性が高いでしょう。

「ワン・チーム」とか「こころをひとつにして」というコピーが流行ったりしています。耳への響きはここちよいものの、実際は社会を分断する可能性すらはらんでいるかもしれません。2021年1月、前年の大統領選挙の方法に不満を訴えるトランプ陣営の支持者が、連邦議会に乱入するという事件が起こりました。これなどまさにワン・チームの成果にほかならないといえるでしょう。特定の強い情緒感情に共感し、結束した集団行動の結末がこれです。

共感は、社会に多様性を認めるうえでは、あまり助けになりません。とはいうものの、やはり自分には理解しづらい異なる立場に属する人の心情を、なんとかして理解しようとする努力を怠るわけにはいきません。その一助になればと考え、この本を書いたのだと受けとってくだされば幸いです。

終章　自粛派と反自粛派のジレンマ

自粛か、反自粛かを明確に分けられるのか

私がこの本を書き出したのは、2020年11月なかばでした。第9章を書き終えたのは年が改まって、2021年1月8日。関東の一都三県に二度目の緊急事態宣言が出た翌日にあたります。新型コロナウイルス感染拡大の、いわゆる第3波が押し寄せてきた最中に執筆されたことになり、その間に私個人が考えたことの備忘録にひとしい内容となっています。

テレビをつけても、2020年春以降はコロナの話題が多くなり、とりわけワイドショーには食傷しました。ただ、面白いことに気がつきました。

コメンテーターと呼ばれて出演する方々は、コロナ禍にあたり自粛に積極的な人と、あまり熱心でない人に分かれます。すると感染者数が変動するなかで、増加してくると前者の方々は俄然、元気になります。感染が一時的にしろ沈静化すると今度は熱心でない人が元気になり、自粛派はしゅんとしてしまいます。2020年夏以降しばらくは、ずいぶん元気をなくしていました。ところが11月になると、これまでは休息していたの

だといわんばかりに、元気を回復しました。話をする際の語気そのものが、これまでと違って聞こえます。意地悪な見方をすると自粛、自粛といいつつ、この人たちは内心はコロナが感染拡大して喜んでいるのではと、うがった見方をしたくなるような行動変容でした。

もちろん、これは邪推《じゃすい》というものでしょう。しかし双方のコメントを聞くとはなしに聞いていて、わかり合うというのはむずかしいものだなと感じつつ、文章をつづっていたら、このような本ができた次第です。

そういうお前は自粛派なのか反自粛派なのか、と尋ねられたならば、おそらく後者なのだと思います。そもそも、2020年末以降に感染者が激増したといいますが、本当にそんなに深刻な増え方なのか、もうひとつピンときません。2020年大晦日には東京都の一日の感染者数が1000人を超えたということで、大騒ぎとなりました。その後も4桁の感染者数が続きました。なるほど、それまでと比べると1桁多い数です。けれども欧米の感染状況と比較すると、1桁以上少ない値です。

それなのに、どうして欧米並みに医療崩壊の危機が叫ばれるのか、そちらのほうが気になりましたが、そういうことは報道ではわかりません。アメリカに比べると日本の感染者数は、2桁少ないのです。一方、経済協力開発機構（ＯＥＣＤ）によれば、日本の一人当たりの病床数は世界一多いといわれています。

それなのにコロナ感染者を入院させられない理由は何なのか。医師会の幹部という人がテレビに入れ替わり立ち替わり登場し、行政の無策ぶりを批判していました。しかしそれをいうなら、医師会にも責任の一端があるのではないのかとすら感じてしまいます。

理屈で理解できても行動は変えられない

２０２０年から２０２１年にかけての冬は、インフルエンザの感染者は激減しました。インフルエンザばかりか、それ以外の風邪にかかる人も同様に減少したのではないでしょうか。ただの風邪でも高齢者ではこじらせて肺炎にいたり、死亡する例は少なくないでしょう。

ですから、コロナ以外の原因で肺炎になり亡くなった人の数全体が激減したと推測されます。その減少した数値と、コロナで亡くなった数値とを比べると、どちらが多いのかが私は気になりました。結局、他の要因による病死例がコロナに集約されただけなのではないのかなと、思わざるを得ません。

ただ自粛派の主張にも、おおむね賛同できるのも確かなので、困ります。どういう点で賛同するかというと、不要不急の外出を控えて「家でじっとしてろ」ということに尽きるでしょう。あるコメンテーターが番組で、「2020年春以来、外食を一度しかしていない」と発言したのを聞いて、素直にエラいなあと感嘆しました。日本人みんなが、この方のような生活をできたら、コロナ感染は2020年内に収束したかもしれません。

理屈ではそう理解しています。けれど、「だからお前はそういう生活をするか」といわれれば、私自身はする気にならないのです。感染のリスクを冒してでも外食するだろうし、現に実行してきました。「それでコロナに感染したらどうするのか」と聞かれれば、まあそのときはそのときと考えています。まだ感染していないものの、感染しても自業自得と納得できる気がしています。そして、経済を回すためには外食する人間もいなくてはと、行動を正当化しています。

ですから反自粛派に属すると思うものの、では経済を優先するためにある程度の感染拡大は容認するという立場に賛同するかというと、そうでもないのが悩みの種です。

それというのも報じられているところでは、自粛生活が定着してもっともしわ寄せがくるのは、観光関係の業種だったり、いわゆる「夜の街」関係の業種だったりするわけです。新宿歌舞伎町のホストクラブや銀座の高級クラブに閑古鳥が鳴き、つぶれたとしても、たいていの人間は、知ったこっちゃないのではと思わざるを得ません。

大阪の道頓堀も京都の寺院も、人出がめっきり減少したのは確かです。海外からの観光客が、ほとんど見当たらなくなりました。

正直な感想を書くと、半世紀前の私の高校生時代に街が戻ったようで、歩くと非常に快適でした。大阪と京都のそれぞれ台所と呼ばれている黒門市場と錦市場は、海外からの旅行客がいなくなり悲鳴をあげているとのこと。これまで地元の顧客を無視して、観光客向けに、行儀の悪い食べ歩きができる、不可思議な串焼きなどを高値で販売していたのが、もう売れなくなりました。かといってそういう店には、地元客は戻ってきません。

Ｇｏ Ｔｏトラベルや Ｇｏ Ｔｏイートが、２０２０年の夏にスタートしたあとは、日本の景気は回復基調であったと報じられています。ところが感染の再拡大にともない制度が止められると、また不調に転じました。

しかしよく考えると、観光に出かけて高級なホテルを利用したりレストランを利用するというのは、多くは時間と金に余裕のある人が楽しめるものにほかなりません。日本に観光に来るインバウンド（海外からの旅行客）もしかり。銀座のクラブや、夜の街も同様でしょう。それらがうるおわないと経済が回っていかないというのは、何かおかしくないかと、感じざるを得ないのです。

今、自粛派に属し、不要不急の外出をせずに暮らしている人々といっても、とりたててこれまでと次元の異なる暮らしをしているのではありません。もちろん贅沢はかなりません。

しかし衣食住すべてにわたって、緊急事態宣言が出たからといって、とくに不便をかこつことはないでしょう。そういう生活ができる状況にあるにもかかわらず、経済が回らなくなるということは、要するに日本経済が生活必需業以外の業態の収益に大きく依拠して成り立っている、という事実を物語っています。あえて書くなら、生活余剰業とでも表現したらいいのでしょうか？

東京オリンピック・パラリンピックを開催して、景気をよくしようというのも、その一環といえるでしょう。そんなことまでして国民総生産（ＧＮＰ）を上げなくてはならないのかと、思ってしまいます。

人文研究の衰退は日本文化の衰退

誰か、私の一連の疑問に答えてくれないかなと見渡しても、そのような記事には出会うことはありませんでした。目につくコメントや解説は、私の捜し方が悪いのかもしれませんが、医療関係者によるものばかり。しかも感染症関係のものが大半で、むろんそれは必要であるものの、人の生活全体をマクロの視点から見通したものは、皆無の感があります。

このコロナの状況が、１９７０年代あたりに出現したらどうだっただろうと想像してしまうのは、私だけなのでしょうか。経済学者や人類学者、哲学者や文芸評論家まで巻き込んで百花繚乱《ひゃっかりょうらん》の議論が繰り広げられたのではないかと思います。これまでの生活スタイルを揺るがす変動が起こりつつあるのですから……。

それにもかかわらず、今は静まり返ったままの状態が続くのみです。ここ20年で、広い意味での人文研究が日本では著しく衰退したことを、改めて思い知らされるとともに、それが日本の文化そのものの衰退を導いていることを実感しました。

コロナ禍は、やがていつか終焉を迎えるでしょう。経済も停滞期はあるものの、回復する可能性は濃厚です。その意味では、回復するきざしのないこちらのほうが、事態は深刻といえるのかもしれません。

技術革新により、地球のサイズが実質的に縮小したといわれて久しくなりました。グローバリゼーションの進行にともない、人はいつでもどこでも誰とでもコンタクトできる、いわゆるデジタル社会が到来する、ともいわれてきました。

私が大学に入学したころには、まだ教養課程というものが存在していました。学部での専門の授業を受けるのは、3年次になってから。その専門課程に進んで、初めてコミュニケーション論の授業を受けた際、コミュニケーションとは、ある人間が他人の存在によって何らかの影響を被ることであり、病原体の感染もそこに含まれると教わったことを、覚えています。そのときは、そんなものかと心に何も響かなかったものの、コロナの感染拡大を目の当たりにし、半世紀近くたって、改めてなるほどと納得しているところです。

グローバリゼーションは、感染症のパンデミックな拡大をも可能ならしめました。その結果、ヨーロッパの各都市は中世のころのようにそれぞれ門戸を閉ざし、日本人は引き籠れとお上から命じられるまでにいたったというのは、なんとも皮肉なことのように思われてなりません。

おわりに

関東地方を中心に襲来した、いわゆる新型コロナウイルス感染の第3波も、2021年1月の最終週には、沈静化の目処がつくこととなりました。同月7日に東京都と近隣の三県に二度目の緊急事態宣言が発出。

すると、その日を境にそれまで増加傾向にあった感染者数（ピーク時には一日2000人を超えていた）が減少に転じたのは、なんとも不可思議でした。宣言が実効性を発揮するのは、最低でも10日、ふつう2週間以上の期間を必要とするでしょう。それがどうして、ただちに影響力を発揮したかのような数値変動を示すのか、私にはまったく理解できませんでした。しかしこういう本当に知りたいことには、テレビなどに登場する専門家はなかなか答えてくれません。

そのころのグーグルの公表している人工知能（ＡＩ）による予測や、理論疫学者の説では、2月第1週の終わりには東京都だけで一日の感染者数が5000〜6000人になるのではといわれていました。実際には間もなく500人を切るようになり、そしてワクチン接種が始まった次第です。コロナ感染収束の切り札と期待されているのは、周知の通りです。はたしてもくろみ通り行くのでしょうか。

海外での報道では、日本人は欧米に比べてワクチンを積極的に接種したいという人の比率が低いといわれています。意識が低いとか批判がありますが、感染者の絶対数が圧倒的に少ないのですから、当然ではないでしょうか。

たとえば、アメリカのジョンズ・ホプキンズ大学の集計によると、2021年2月22日現在、新型コロナウイルス感染によるアメリカの累計死者が50万人を超えた、との発表がありました。これは、二度の世界大戦とベトナム戦争での戦死者の総和を上回る病死者を出したことになります。その値は日本と2桁異なります。危機意識のレベルも違ってくるでしょう。

この本では、新型コロナ感染拡大にあたって日本人が自粛派と反自粛派に分かれることを書いてきました。この分類にのっとるならば、自粛派は積極的にワクチンを接種すると私は予想します。他方、反自粛派は消極的なのではないかと思われます。感染のリスクを恐怖に感じていないのですから。

ところで現実の日本での感染状況はどうかというと、みんなにおしなべて蔓延しているところまでにはいたっていません。一部にとどまっていると見ていいでしょう。結局のところ、感染率が高いのは自粛に否定的な人々ではないかと推測されます。

ということはつまり、日本国民全体にワクチン接種を推奨しても、それを実際に接種する人の多くは感染リスクの低いグループに属し、リスクが高くて本当に接種を必要とする人は、意外に接種しないという事態が生じるのではないでしょうか。

これでは、現在の感染状況の収束は見込めない怖れが出てきてしまいます。巨額の予算を投じてワクチンを大規模接種することの実効性が、担保されなくなってしまうことになります。どうすればいいのか？

私が首相ならば、Go ToトラベルならぬGo Toワクチンと銘打ったキャンペーンをしただろうにと、無責任に妄想しています。ワクチンを二度接種した人を対象に、二度目に期限付きの金券（クーポン）を配布するのです。たとえば6ヶ月有効で1万円とか……。

何らかの理由でワクチンを接種したくとも接種できない人は、医師に接種会場で証明してもらうとクーポンだけもらえるようにすればいいでしょう。自治体によっては接種にあたり会場までのタクシー代相当のクーポン券などを発行していますが、こちらは全国規模のクーポンで、しかも公共料金や税金の支払いも可能というのが理想です。

Go Toトラベルでは、あれだけ効果があったのですし、今回は金と時間にゆとりのある人だけが恩恵にあずかるというような、社会的不平等も生じません。

ワクチンというのは、感染予防を目指す当の病原体ないし病原体の生命情報をあえて体内に入れることで、重症化を未然に防ぐという発想にもとづいています。この本に書いた日本人のケガレ観に従えば、あえて我が身をケガすことになるわけで、そこまでの疫病の対策はしたくないという日本人が相当数いたとしても、さして驚くべきことではないとも私は考えます。「社会のために個々人がワクチンを」とアピールしたところで、西洋が育んできたような市民意識の希薄なわれわれには、一向にピンときません。

ワクチンプロジェクトの成否には、現政権の行く末がかかっているといっても過言でないかもしれません。といって私は、とくに政権に肩入れしているわけではなく、ただの野次馬にすぎませんが、プロ野球のファンが監督のチーム采配を批評するような気分で書くと、新型コロナワクチン接種にあたっては、インセンティヴをつけるべきだった（今から間に合うなら、つけるべきだ）と感じている次第です。

それでもなお、ワクチンを接種しないとクーポンがもらえないのは不平等だというのであれば、接種そのものを希望しない人でも二度、接種会場に出向いて証明を受ければ、クーポンがもらえるようにすればいいでしょう。あえて接種会場まで足を運んでおいて、それでもワクチンを接種しないという人の数は、極めて限られると思われます。

本書が政府高官の目にふれる可能性など皆無でしょうから、無責任にあとがきに追記する次第です。

なお、出版にあたっては、幻冬舎第一編集局の鈴木隆さんに大変にお世話になりました。この場をかりて、感謝いたします。

２０２１年３月

著者

参考文献

（主要な文献のみ、古典類は除外）

阿部謹也ほか『殺し合いが「市民」を生んだ』（光文社・1994年）
小川剛生『兼好法師』（中央公論新社・2017年）
栗本慎一郎『パンツをはいたサル』（光文社・1981年）
鈴木宏昭『認知バイアス』（講談社・2020年）
中野孝次『清貧の思想』（草思社・1992年）
西田正規『定住革命』（新曜社・1986年）
正高信男『いじめとひきこもりの人類史』（新潮社・2020年）
村上陽一郎『ペスト大流行』（岩波書店・1983年）

著者略歴

正高信男《まさたかのぶお》

一九五四年、大阪府生まれ。

霊長類学者（サル学者）・発達心理学者、評論家。

大阪大学人間科学部行動学専攻卒、

同大学大学院人間科学研究科博士課程修了。

京都大学霊長類研究所教授を二〇二〇年に退職。

『ケータイを持ったサル』（中公新書）、

『天才脳は「発達障害」から生まれる』（PHP新書）、

『いじめとひきこもりの人類史』（新潮新書）など著書多数。

幻冬舎新書 622

自粛するサル、しないサル

二〇二一年五月二十五日　第一刷発行

著者　正高信男
発行人　志儀保博
編集人　小木田順子
編集者　鈴木　隆

発行所　株式会社　幻冬舎
〒一五一―〇〇五一　東京都渋谷区千駄ヶ谷四―九―七
電話　〇三―五四一一―六二一一(編集)
〇三―五四一一―六二二二(営業)
振替　〇〇一二〇―八―七六七六四三

ブックデザイン　鈴木成一デザイン室
印刷・製本所　株式会社　光邦

ISBN978-4-344-98624-4 C0295
ま-14-1

幻冬舎ホームページアドレス https://www.gentosha.co.jp/
*この本に関するご意見・ご感想をメールでお寄せいただく場合は、comment@gentosha.co.jp まで。